I0029271

Nasser Suleiman Gabryel

Ordre Politique : L'age Classique Et L' Ethos Aristocratique

Nasser Suleiman Gabryel

Ordre Politique : L'age Classique Et L' Ethos Aristocratique

Sociologie politique

Presses Académiques Francophones

Impressum / Mentions légales
Bibliografische Information der Deutschen Nationalbibliothek: Die Deutsche Nationalbibliothek verzeichnet diese Publikation in der Deutschen Nationalbibliografie; detaillierte bibliografische Daten sind im Internet über http://dnb.d-nb.de abrufbar.

Alle in diesem Buch genannten Marken und Produktnamen unterliegen warenzeichen-, marken- oder patentrechtlichem Schutz bzw. sind Warenzeichen oder eingetragene Warenzeichen der jeweiligen Inhaber. Die Wiedergabe von Marken, Produktnamen, Gebrauchsnamen, Handelsnamen, Warenbezeichnungen u.s.w. in diesem Werk berechtigt auch ohne besondere Kennzeichnung nicht zu der Annahme, dass solche Namen im Sinne der Warenzeichen- und Markenschutzgesetzgebung als frei zu betrachten wären und daher von jedermann benutzt werden dürften.

Information bibliographique publiée par la Deutsche Nationalbibliothek: La Deutsche Nationalbibliothek inscrit cette publication à la Deutsche Nationalbibliografie; des données bibliographiques détaillées sont disponibles sur internet à l'adresse http://dnb.d-nb.de.

Toutes marques et noms de produits mentionnés dans ce livre demeurent sous la protection des marques, des marques déposées et des brevets, et sont des marques ou des marques déposées de leurs détenteurs respectifs. L'utilisation des marques, noms de produits, noms communs, noms commerciaux, descriptions de produits, etc, même sans qu'ils soient mentionnés de façon particulière dans ce livre ne signifie en aucune façon que ces noms peuvent être utilisés sans restriction à l'égard de la législation pour la protection des marques et des marques déposées et pourraient donc être utilisés par quiconque.

Coverbild / Photo de couverture: www.ingimage.com

Verlag / Editeur:
Presses Académiques Francophones
ist ein Imprint der / est une marque déposée de
AV Akademikerverlag GmbH & Co. KG
Heinrich-Böcking-Str. 6-8, 66121 Saarbrücken, Deutschland / Allemagne
Email: info@presses-academiques.com

Herstellung: siehe letzte Seite /
Impression: voir la dernière page
ISBN: 978-3-8381-7868-4

Copyright / Droit d'auteur © 2013 AV Akademikerverlag GmbH & Co. KG
Alle Rechte vorbehalten. / Tous droits réservés. Saarbrücken 2013

Nasser SULEIMAN GABRYEL

ORDRE POLITIQUE :

L'AGE CLASSIQUE ET L'ETHOS ARISTOCRATIQUE

Introduction

De l'ordre politique et du rôle des experts : un constructivisme méthodologique

Les sciences politiques ont déterminée une série de sous- disciplines telles que la gestion administrative, les sciences de la gouvernance etc. Ces champs d'investigations sont pour la plupart nés avec la révolution industrielle. Ils sont corrélatifs avec le modèle du taylorisme qui impose un nouveau modèle de production non seulement industriel mais aussi économique et intellectuel.

Ainsi la professionnalisation des ordres de métiers est le produit de cette spécialisation liée à une volonté collective de maîtrise de couts et une démarche d'appliquer une scientificité dans l'organisation du travail : ceci en terme d'individualisation et d'autonomisation entre champ de la conception et champ de l'application[1].

Au-delà des effets du discours, qui font de la science politique, et par extension : la sociologie politique, une technique de connaissance de type juridique, il est nécessaire d'affirmer qu'au-delà des notions précises, les sciences politiques participent d'un tronc commun : les sciences sociales[2] et qu'il serait à notre sens aventureux d'en nier l'aspect au prétexte qu'il faudrait maintenir un orgueilleux isolement qui n'a plus lieu d'être. « Il faudrait ici créer un mot nouveau, entre

---

[1] Wiebe Robert The research of order NY Free Press 1960

[2] Elias pose justement la question d'une vision cohérente des sciences sociales« Des sociologues peuvent-ils proposer quelque contribution valable pour résoudre les problèmes principaux, ne serait-ce que les problèmes de leur groupe, de leur nation, de leur classe, de leur profession, s'ils utilisent les dogmes consacrés et les normes de l'un ou l'autre de ces groupes comme fondements évidents de leurs théories, de telle sorte que les résultats de leurs recherches soient d'entrée de jeu ajustés pour conforter ces articles de foi et ces jugements de valeur canoniques de leur groupe, ou du moins pour ne pas les malmener ? » (Elias, « Engagement et distanciation », *Engagement et distanciation. Contributions à la sociologie de la connaissance,* traduit de l'allemand par Michèle Hulin, 1993.Paris, Éditions Fayard.pp. 27-28).

compréhension et extension, pour désigner cette activité de la pensée empirique inventive .La nuance intermédiaire sera réalisée si l'enrichissement en extension devient nécessaire, aussi coordonné que la richesse en compréhension. Pour englober les preuves expérimentales nouvelles, il faudra alors déformer les concepts primitifs, étudier les conditions d'application du concept dans le sens même du concept »[3]. Dans l'ordre des sciences politiques, la sociologie politique peut être un élément fondamental de construction de sens, d'une part, par son souci de l'étude du monde social arrimée à un souci équivalent d'en penser les paramètres institutionnels. Cette optique n'est pas nouvelle. Maurice Duverger la définit comme suit « Pour nous, "sociologie politique" et "science politique" sont synonymes. Les *political scientists* ont tendance à reprocher aux sociologues de ne pas respecter les frontières de leurs disciplines respectives, comme si ces frontières avaient quelques valeurs (...) Certains ont essayé de justifier la distinction, en réservant à l'une des deux disciplines le soin de faire des recherches particulières sur le terrain, l'autre devant au contraire placer les résultats de ces travaux dans une perspective globale. Mais, suivant l'obédience des auteurs, la répartition des étiquettes est différente. Les sociologues en titre tendent à considérer la science politique comme vouée aux tâches d'analyse, la sociologie politique étant la science de synthèse ; les spécialistes en titre de science politique (les "politicologues") considèrent au contraire celle-ci comme destinée à la synthèse, la sociologie étant rejetée dans l'analyse. Tout cela repose évidemment sur l'idée que la synthèse est une œuvre noble, l'analyse une tâche servile, et que les deux peuvent être séparées, ce qui est absurde. Ces conflits mériteraient d'être étudiés, comme contribution à une "sociologie des sociologues" qui donnerait certainement des résultats intéressants ».[4]

De ce fait, le plaidoyer pour une vision globale des sciences sociales ne consiste pas à avaliser une optique globalisante et transdisciplinaire[5] mais au contraire elle induit une démarche pluridisciplinaire[6] qui serait d'autant plus cohérente qu'elle

---

[3] Bachelard Gaston La formation de l'esprit scientifique, Paris, 1960, pp. 60-61, 61
[4] Duverger M Introduction à une sociologie des régimes politiques », in *Traité de sociologie*, 1960, tome II, p. 3
[5] un tronc commun non pensé méthodologiquement ou le croisement revendiqué des disciplines induit à la fois une réification et une confusion pratiquée selon les nécessités du moment
[6] des contributions communes par l'intermédiation de sujets transversaux

permettrai de renforcer les frontières : entre ordre scientifique et préjugés du sens commun, optique de recherche et objectifs idéologiques ; « Parmi les particularités les plus importantes de la recherche scientifique, envisagée dans sa globalité, on observe une émancipation progressive vis-à-vis de certains modes spécifiques d'appréciation des valeurs. Il en va ainsi, par exemple, par rapport aux jugements de valeur de caractère politiques ou religieux et, plus généralement, par rapport aux ordres de valeur reflétant les préoccupations du sujet à propos de son bien-être ou mal-être, ou encore par rapport aux intérêts des groupes sociaux dont il se sent solidaire. Dans le travail de la recherche, un autre mode d'appréciation des valeurs l'a peu à peu emporté sur celui-là. L'accent s'est déplacé vers la découverte de l'ordre inhérent à la relation mutuelle des phénomènes. L'effort pour atteindre la connaissance tire l'essentiel de sa valeur de la manière dont il résout cette tâche [7]» .

Cette logique au-delà de sa conception localiste de la discipline est nettement présentiste : en effet elle nécessite pour le politologue de se couler sur une vision cour termiste des rapports politiques sans véritablement inscrire les modalités en dehors du temps institutionnel et électoral, les « invisibles » prenant l'aspect par exemple d'un soliloque académique envers des publics captifs étiquetés comme protestataires « Au milieu du XXème siècle, les sociologues dotés d'une vaste culture historique n'étaient pas rares, et beaucoup se rendaient compte déjà que la connaissance du passé est indispensable pour comprendre les problèmes du présent. La plupart d'entre eux, comme moi-même, du reste, avaient acquis leurs connaissances en histoire, donc également la connaissance des structures de sociétés du passé, non pas en tant qu'historiens, mais par un travail personnel adapté aux problèmes sociologiques qu'ils cherchaient à résoudre » Elias, Norbert « Trop tard ou trop tôt. Notes sur la classification de la théorie du processus et de la configuration »[8]

---

[7] « Engagement et distanciation », *Engagement et distanciation. Contributions à la sociologie de la connaissance,* traduit de l'allemand par Michèle Hulin, 1993.Paris, Éditions Fayard.pp. 13-14
[8] *Norbert Elias par lui-même,* traduit de l'allemand par Jean-Claude Capèle, Paris, Éditions Fayard. p. 163

Cela révèle une vision clairement déterministe de l'analyse, que l'on peut qualifier de sociologisme sur-interprété de l'œuvre de Bourdieu[9] .

Par conséquent, il ne s'agit plus de pérenniser les champs de féodalités disciplinaires dominant avec superbe les paradigmes homologués selon des spécialités particulières mais de construire des logiques transversales évitant une sorte de chauvinisme de l'universel dont la principale conséquence est la fermeture méthodologique et le conservatisme local : « Pour s'adapter aux buts visés par les sciences empirico-théoriques, des concepts nettement plus différenciés que ceux de "vrai" ou "faux" sont requis. Ce qui distingue les résultats de la recherche dans ces domaines n'est bien souvent pas une telle dichotomie absolue, mais un moins et un plus en "vérité" – ou mieux : en adéquation. Avec cette utilisation de concepts davantage comparatifs qu'expressifs d'une polarité, on entend signifier que toute recherche dans le domaine des sciences empirico-théoriques est relativement ouverte et non achevée. Lors du choix de ses concepts, on fait bien également de laisser une place à cette possibilité que les résultats actuels de la recherche, qui dépassent ceux d'hier, seront demain suivis par d'autres qui les dépasseront – et seront "plus vrais", "plus adéquats", "plus complets" qu'eux ».[10]

La sociologie politique se préoccupe de penser l'autonomie du politique sans pour autant basculer vers la philosophie du politique. Elle n'induit pas de nier, comme trop souvent, que certains politologues ont fait, les nécessaires ou inévitables interdépendances entre ordre politique, monde social, et ordre institutionnel, (selon de quel point de vue on se place). Par politique nous entendons deux notions : le politique au sens du terme américain de politics (c'est-à-dire lié à une définition essentiellement régalienne, marqué par des enjeux de souveraineté, globale et comprenant impératifs interne et externe). La politique au sens de « Policy » qui d'abord traduit un ordre conjoncturel et domestique de la chose publique. La

---

[9] « Beaucoup de conflits de génération sont des conflits entre des systèmes d'aspirations constitués à des âges différents. Ce qui pour la génération 1 était la conquête de toute la vie, est donné à la naissance, immédiatement, à la génération ».Pierre Bourdieu, *Questions de sociologie*, Paris, Editions de Minuit, 1984, p. 151.

[10] Elias, 1993, « Engagement et distanciation », *Engagement et distanciation. Contributions à la sociologie de la connaissance*, traduit de l'allemand par Michèle Hulin, 1993.Paris, Éditions Fayard. 1993, p. 61

sociologie politique faisant de ces deux notions les piliers de son incessant questionnement, tant serait illusoire de réduire la notion à l'un des deux sens

Le champ des sciences sociales, note Bourdieu, est dans une situation très différente des autres champs scientifiques : du fait qu'il a pour objet le monde social et qu'il prétend à en produire une représentation scientifique. Chacun des spécialistes y est en concurrence non seulement avec les autres savants, mais aussi avec les professionnels de la production symbolique (écrivains hommes politiques, journalistes) et, plus largement, avec tous les agents sociaux qui, avec des forces symboliques et des succès très inégaux, travaillent à imposer leur vision du monde. Ainsi du point de vue du degré d'autonomie à l'égard des pouvoirs externes, publics ou privés, la science sociale se situe à mi-chemin entre deux limites : d'un côté, les champs scientifiques les plus purs comme les mathématiques, où les producteurs n'ont d'autres clients possibles que leurs concurrents, de l'autre, les champs politiques ou religieux, ou encore journalistiques, où le jugement des spécialistes est de plus en plus souvent soumis au verdict du nombre sous toutes ses formes, plébiscite, sondage, chiffres de vente ou audimat, et qui accorde aux profanes le pouvoir de choisir entre des produits qu'ils ne sont pas en mesure d'évaluer[11].

Trop souvent, il est pratiqué un confusionnisme facile entre tradition et rationalité ; cette confusion se traduit dans une lecture archétypale au prétexte qu'elle permet de mieux comprendre l'objet (le champ politique), tend à brouiller et à accentuer l'effet de crise de la réalité du monde social, sans pour autant en donner les clés. L'économie politique du commentaire a pris le relais de l'analyse politique : « *Comme les autres hommes, les scientifiques se laissent guider dans leur travail, dans une certaine mesure, par des désirs et des penchants personnels. Ils sont assez souvent influencés par les intérêts de groupes auxquels ils appartiennent. Ils peuvent avoir en vue une promotion dans leur carrière, ils peuvent espérer que les résultats de leurs recherches s'accorderont avec des théories qu'ils ont déjà soutenues ou avec les exigences et les idéaux des groupes auxquels ils s'identifient. Mais, en tout cas, ces tendances à l'engagement jouent un rôle dans les sciences de la nature, dans l'organisation générale de la recherche, notamment dans le choix des sujets. Elles sont, le plus souvent, tenues en bride par des procédures de contrôle institutionnalisées,*

---

[11] P. Bourdieu. "Le pouvoir de science" in ARSS, No 106-107.Mars 1995, p.5.

qui exercent une forte pression sur chaque scientifique pris individuellement et qui visent à subordonner leurs tendances subjectives à l'intérêt "pour la chose même", comme nous avons coutume de dire, donc à une conception plus distanciée de leur tâche. Dans de tels cas, les problèmes immédiats, qu'ils soient personnels ou sociaux, fournissent l'impulsion requise pour l'examen de problèmes d'un autre type, proprement scientifiques, et détachés de toute relation directe à des personnes ou à des groupes déterminés ».[12]

Cette réduction de la réalité a accentué le monopole et donc la puissance de fait de certains monopole de l'universel. Le combat des idées, n'étant plus articulé sur des espaces étendus et des angles idéologiques classiques, s'est transformé en un affrontement de légitimité autour de canaux de plus en plus restreints (chercheurs versus experts ; journalistes versus universitaires ; intellectuel organique versus intellectuel organique). La catégorisation et la nomination revêt l'importance du pouvoir de la définition dans la bataille des idées.

Cette compétition n'a fait qu'accentuer la production éditoriale et l'essaimage inhérent à l'espace intellectuel et médiatique. Ce pouvoir devient un objet de lutte qui tend à procurer un capital symbolique de notoriété à tout vulgarisateur de savoir apte à donner une lecture pédagogique ,et accessible à propos des événements du monde. Cette monopolisation de l'universel marquée par le rétrécissement des espaces d'analyse   encourage la production endogamique d'une expertise médiatique. Au niveau de la diffusion, nous avons par ordre décroissant d'importance :

1. Le monde universitaire qui ne constitue plus depuis les années 80 le lieu par excellence de production de la légitimité de l'universel : L'échec de l'université se traduit aussi par la fin   d'un programme national de culture homogène et unitaire « étroitement liée à la vie collective et à l'univers de la production »[13] (Gramsci). Elle conduit aussi à la séparation entre « les intellectuels aux non-intellectuels. »

---

[12] ELIAS N. , « Engagement et distanciation », *Engagement et distanciation. **Contributions à la sociologie de la connaissance**,* traduit de l'allemand par Michèle Hulin, 1993.Paris, Éditions Fayard.

[13] Gramsci Cahier de Prison III in Bibliothèque des sciences sociales.uqam

2. Le deuxième mode de légitimation repose sur les moyens de communications classiques (de la presse généraliste aux revues spécialisées, de la télévision aux organismes de radios). Ce mode semble concurrencé de manière de plus en plus forte par le troisième mode de légitimation organisé sur un triple pied : les nouveaux supports du virtuel (Internet); une nouvelle conception de l'information reliée aux loisirs (info-teinment) ; une politique réduite à des techniques de gouvernement.

C'est dans ce contexte que se symbolise les expertises sur l'ordre politique et que s'institue ces nouveaux régimes idéologiques de l'information. Il conditionne directement les représentations et la diffusion culturelle en provoquant la consolidation de la domination idéologique de doxas prêt à l'emploi.

Mes travaux s'inscrivent dans le mouvement historiographique de retour des institutions comme objet théorique. Après avoir été reléguées dans les années 1960 et 1970, les institutions constituent de nouveau un centre d'intérêt d'études théoriques et de recherches empiriques. Ces études se situent autour de la problématique du développement institutionnel. Elle conduit à nous interroger sur les origines et le caractère des institutions, comme pratiques politiques et culturelles définissant les perceptions des acteurs et la reproduction institutionnelle. L'accent se situe sur l'aspect cognitif des institutions mais aussi sur leur historicité et leur dimension stratégique.

Il faut prendre en compte l'impact durable de certaines institutions (parti politiques) sur leurs membres et l'existence d'une mémoire institutionnelle dont les valeurs et le comportement influent de manière significative. Les institutions comme de véritables filtres orientant les conditions de certaines représentations dans les limites historiquement inscrite dans le principe de formation d'une grille de lecture elle-même inscrite dans une culture et un ensemble de système socialement conditionné.

Notre optique vise à penser les interactions entre institutions politiques et expertise politique dans une configuration générale que nous définissons comme l'ordre politique (Suleiman Gabryel 2002[14]). De manière méthodologique, cela pousse

---

[14] SULEIMAN GABRYEL Nasser Sociologie de la gouvernance : Axe 1 théories et problèmes éd Diagauss Juin 2011-05-21Sociologie de la gouvernance : Axe 2 « Sociologie de l'Etat » Institut euro-méditerranéen des sciences sociales IESS, Diagauss, septembre 2011 ; Ordre politique,   Edit Presse

à préciser d'abord quel type d'approche institutionnelle il faut privilégier : soit en reconstruisant de manière téléologique un maillon politique institutionnel (David Noble, Bruce Cummings) ; soit, et c'est plus proche de notre démarche, il faut insister sur le caractère pragmatique et progressif de la mise en place des différents pôles de croisement entre fonctions savantes (université) et fonction partisane (Parti politiques) : entrelacs dont le caractère cohésif ne se réduit pas à sa seule traduction de centre de réflexion (Think Tank). Au lieu d'une vision horizontale et instrumentale de type politique ; institutions/experts, ne faut-il pas un changement de perspectives et d'échelles ? Par exemple les liens transversaux de production de savoirs, entre organisations politiques et départements de recherches.

L'objet de ma recherche n'est pas réductible à la notion généraliste et politique de l'expertise. Pour certains, l'expert représente une formule magique qui participe d'une occultation des champs complexes des sciences sociales. Pour négocier à moindre coût une explication définitive des rapports entre savoir et pouvoir, il suffit de ramener les problématiques à leur plus petit commun dénominateur : l'expert.

La question n'est donc pas celle-ci : comment définir l'enregistrement ou la canonisation normative dont procède l'expertise, c'est-à-dire au point de vue de l'inscription sur un registre générique, narratif, descriptif ou autre ? Mais bien : qu'en est-il du statut de la politique et de ses effets dans les récits de l'expertise savante eu égard aux pratiques militantes en l'occurrence la «secondarité[15]» du politique par rapport à la parole savante ? Et par rapport à quel modèle ? Tout en tenant compte de ces questionnements, quatre niveaux de lecture sont à mettre en œuvre.

1. Nécessité de la déconstruction des récits de l'expertise savante sur le politique.

2. Secondarité de l'écriture c'est-à-dire étude des rhétoriques politiques dans leur fonctions institutionnelles.

3. Violences socio-symboliques ou effets du «penser[16]» sur la parole politique.

académique francophone ISBN 978-3-8381-7618-5 2012 Ordre politique moderne : Mors certa hora incerta ; axe III Edit Presse académique francophone ISBN 978-3-8381-7646-8 2012

[15] *Ibid.*, p. 16.
[16] L'infinitif désigne ici l'étant, c'est-à-dire la manière dont la pensée se déploie. C'est ce qui, dans la parole politique, manifeste l'être.

4. Lieu de la légitimité avec une différenciation méthodologique entre les structures encadrantes et les structures militantes de bases.

1. Nécessité de la déconstruction

Le dévoilement de la présence de la pensée à la parole, dans le langage politique est une nécessité qui ne relève pas d'une critique qu'on voudrait appréciative ou dépréciative de l'ordre politique en tant que système socio-symbolique, loin de là. Il relève, comme on va le voir, de la caractérisation phénoménologique de la perception que se fait l'instance politique en tant que parti ou fondation de soi et de l'autre (parti opposé, médias, militants). Si l'on avait une attitude puriste, on dirait peut-être qu'on est en train de mêler ce qui est phénoménologique et ce qui est linguistique. Or à partir du moment où l'on admet que la détermination de l'homo politicus se fait par le biais de la présence, c'est-à-dire la «scission être et penser[17]» ou, si l'on préfère, la maîtrise du destin à partir de l'institution de nouvelles valeurs idéologiques fondées par une démarche historique, il devient inévitable d'admettre par le même geste que la scission en question, à l'origine, est aussi bien une rupture épistémologique avec le cadre historique (quid du Gaullisme vis-à-vis des partis qui s'en prévale ?) qu'avec l'«ontologie républicaine [18]» : rupture liée aux données «temporelles[19]» et «constructivistes [20]» de l'ordre politique actuel.

Cela dit, ce n'est pas un hasard si l'on parle ici de constructivisme : la culture politique et l'ordre politique sont en déterminant l'être comme présence, la présence comme intention, orientation et *telos*, constitue au niveau du langage les limites

---

[17] Martin Heidegger, *Introduction à la métaphysique*, Paris, Gallimard, 1967, p. 124.

[18] Martin Heidegger, *Être et Temps*, Paris, Gallimard, 1986, p. 66.

[19] Le temps signifie ici temps de la construction politique , c'est-à-dire le temps d'une culture historique dont on A évacué toute forme d'éternité, d'universalité, fût-elle phénoménologique, théologique, juridique, génétique, ou autre.

[20] Dans une société historique, le constructivisme signifie l'obligation formelle de transcender ce qui est déjà construit pour en combler les lacunes. Épistémologiquement cela se décrit de la manière suivante : faute de normes politiques, morales, juridiques, historiques, culturelles, sociales, valables pour tout le monde, en tout lieu et en tout temps, il faut rompre avec la métaphysique traditionnelle (ex discours sur le récit national) et ce, pour construire une histoire au point de vue se sa perfectibilité. À l'origine donc il n'y a pas de sens, il y a juste une archi-écriture.

phénoménologiques[21] mêmes de la «subjectivité[22]», plutôt de la «passivité de la parole[23]». Si donc le constructivisme conduit logiquement à ce que Heidegger appelle la «parole déjà parlée[24]», parole dont l'intention, l'orientation et le *telos* sont déjà décidés par une suite de données (rôle des discours, rôle des médias, présence des militants, caractéristiques des sociologies électorales) , si l'aventure de ce qui est décidé se confond avec celle du constructivisme, alors considérer le statut subjectif de cette parole nécessite la déconstruction[25], c'est-à-dire en quelque sorte l'identification de tout ce qui, dans la structure historique et culturelle qui la fonde, relève de la détermination de la politique contemporaine comme présence.

BIBLIOGRAPHIE

Nasser SULEIMAN GABRYEL Ordre politique,   Edit Presse académique francophone ISBN 978-3-8381-7618-5 2012

Nasser SULEIMAN GABRYEL /   Carlo Raimondo MONTECCUCOLI « Mondialisation politique et internationalisation des élites ». Edit Presse académique francophone ISBN 978-3-8381-7657-4

Nasser SULEIMAN GABRYEL Ordre politique moderne : Mors certa hora incerta ; axe III Edit Presse académique francophone ISBN 978-3-8381-7646-8 2012

Nasser SULEIMAN GABRYEL /   Carlo Raimondo MONTECCUCOLI « Ordre Politique Postmoderne « Edité 2006 Diagauss Réédité   Presse académique francophone ISBN 978-3-8381-7585-0 2012

---

[21] La phénoménologie répond à la question : pourquoi l'étant est tel qu'il est ? Cela dit, si l'ontologie est possible sur une base phénoménologique, la phénoménologie n'est possible que sur une base herméneutique, ce qui justifie notre démarche.

[22] Il faut comprendre ce concept au sens propre, c'est-à-dire au sens de l'assujettissement ontologique fût-il, selon un contrat social, à un système historique et culturel de valeurs et de lois dont l'essence même est la rupture avec l'ontologie politique.

[23] Jacques Derrida, *Op. cit.*, p. 99.

[24] Martin Heidegger, *Acheminement vers la parole*, Paris, Gallimard (Tel.), 1994, p. 247.

[25] Ce concept se justifie de son corollaire construction. La déconstruction vise à tirer au clair les fondements politiques des acteurs (institutionnels ou autres) par rapport auxquels la réponse à la question (pourquoi la parole est-elle telle qu'elle est ?) devient possible.

- **Epistémès de l'ordre politique**

Nous aborderons notre contribution par l'idée générale d'ordre politique. Le sujet peut se situer dans un débat entre définition intentionnaliste et définition sociologique Pour une première Approche (Jouvenel), l'ordre politique doit d'abord se comprendre dans une tension entre politique (au sens global) et politique (au sens exécution dans un axe déterminé). A contrario de cette visée intentionnaliste séparant de manière définitive l'ordre politique de soin humus sociologique faisant de la politique d'abord une donnée pure, Raymond ARON répond que « .B. de Jouvenel déduit la "polities" de la "policy"(...) Je ne pense pas qu'il soit bon de déduire la politique de la "policy" (n'importe quel projet, impliquant la coopération de plusieurs, comporte une "policy"[26]. En dehors d'une discussion sur le rôle de la théorie dans la fabrication de l'ordre politique, des interactions entre réalités domestiques et données internationales, il est important à mon sens de garder l'idée de Jouvenel de relier le « dedans » et le « dehors » pour penser la question de l'ordre politique. Celui-ci cumule les processus de construction, consolidation, décomposition, recomposition des espaces sociopolitiques organisés, sont tributaires des formes politiques les plus diverses. Ainsi pour Norbert Elias le politique est d'abord une construction progressive de type historique et culturelle ayant lien avec des facteurs d'interactions et de socialisation

« La question de savoir de quelle manière et pour quelles raisons les hommes se lient entre eux et forment ensemble des groupes dynamiques spécifiques est un des problèmes les plus importants, pour ne pas dire le plus important de toute la sociologie »[27] .

---

[26] À propos de la théorie politique », *R. F. S. P.*, mars, 1962, p. 11
[27] La société de cour Flammarion 2008 , 232

13

La sociologie politique se préoccupe de penser l'autonomie du politique sans pour autant basculer vers la philosophie du politique. Elle n'induit pas de nier, comme trop souvent[28], les nécessaires ou inévitables interdépendances entre ordre politique, monde social, et ordre institutionnel, (selon de quel point de vue on se place). En séparant le politique des autres modèles d'ordres[29] , une certaine lecture libérale qui ne s'est que trop concentrée sur une conception atomiste de l'individu isolé porté par le rapport cout efficacité[30] faisant du droit naturel une juridiciarisation de l'état de nature plutôt que l'inverse.

Par politique nous entendons deux notions : le politique au sens du terme américain de politics (c'est-à-dire lié à une définition essentiellement régalienne, marqué par des enjeux de souveraineté, globale et comprenant impératifs interne et externe). La politique au sens de « Policy » qui d'abord traduit un ordre conjoncturel et domestique de la chose publique. La sociologie politique faisant de ces deux notions les piliers de son incessant questionnement, tant serait illusoire de réduire la notion à l'un des deux sens.

Si les termes globaux à vocations universelles : « État », « nation » « justice » restent pertinemment inscrits, ils ne peuvent recouper les mêmes modèles de justifications à tempora. La parcellisation des rapports sociopolitiques détermine une invalidation d'une approche hobessienne et wébérienne trop absolutiste de l'État comme détenteur de la violence légitime et l'ordre politique en tant qu'instrument d'institutionnalisation et d'homogénéisation du corps social. De manière approfondie il permet de définir la nature d'un ordre politique dont le paradoxe historique à souvent consisté à mêler des attributs de faiblesse dans sa capacité à maintenir de manière autoritaire le pouvoir et des attributs de force dont le manque d'institutions légitimes caractérise le fonctionnement. L'idée d'un ordre politique doit se concevoir comme un idéal type sur le mode wébérien, comme l'ont affirmé justement de nombreuses critiques. Il ne saurait être un substantif de l'approche déterministe : une culture politique définie comme homogène et autocentrée. Il n'est pas dans

---

[28] Hobbes Le citoyen , ou les fondements de la politique, trd Sorbière. Paris Gallimard 1982, 71
[29] Blotanski Thevenot De la Justification 1993 Gallimard
[30] Macpherson C. B La théorie politique de l'individualisme possessif .De Hobbes à Locke 1971 Gallimard 2004

notre méthodologie de basculer d'un politisme étroit à un sociologisme tout aussi étroit, la perspective se veut dynamique dans une conception de l'ordre politique entendu en tant que « *réseaux d'interrelations, les interdépendances, les configurations, les processus que forment les hommes interdépendants* »[31] . Par ordre politique, nous entendons aussi bien l'Etat, que l'ordre institutionnel que les champs sociaux et culturels, ils découlent non d'une lecture homogénéisante de ces instances mais d'une analyse transversale autour de ce que Elias défini en tant que « Figuration », établissant des échelles variables de rapports d'interdépendance et dont les modalités reposent sur un équilibre des tensions[32]

Dans une autre perspective tout aussi réfutable, l'ordre politique s'inscrit dans une sorte de moralisme kantien dont le prédicat juridique dépolitise la nécessaire culture du dissensus « L'idée de légalité pure, de devoir pour le devoir et non pour le bien »[33] L'analyse de l'ordre politique suppose une analyse du jeu social et politique, des enjeux qui en découlent et des effets que cela peut induire sans jamais surdéterminer l'effet politique d'une méthodologique qui se veut constructiviste.

« Ni le « jeu » ni les « joueurs » ne sont des abstractions. Il en va de même de la configuration que forment les quatre joueurs autour de la table. Si le terme de « concret » a un sens, on peut dire que la configuration que forment ces joueurs, et les joueurs eux-mêmes, sont également   concrets. Ce qu'il faut entendre par configuration, c'est la figure globale toujours changeante que   forment les joueurs ; elle inclut non seulement leur intellect, mais toute leur personne, les actions et les relations réciproques. »[34]

Pour ce faire il est nécessaire de développer une méthodologie galiléenne de la pluridisciplinarité: "*Ce fut Galilée qui, en appliquant de façon cohérente les mathématiques à la physique et la physique à l'astronomie, a le premier amené les mathématiques, la physique et l'astronomie à un niveau véritablement significatif et fructueux. Les trois disciplines avaient toujours été considérées comme essentiellement séparées ; Galilée révéla leurs*

---

[31] Qu'est-ce que la sociologie ? 1970 pp 154-161
[32] Ibidem, 154-161
[33] A Fouillée Le moralisme de Kant et l'amoralisme contemporain Alcan 1905, 36
[34] Elias « Qu'est-ce que la sociologie ? » 1970 p. 157

relations mutuelles, et ouvrit en cela des champs nouveaux de recherche à des hommes d'intérêts et de spécialités fort divergents."[35]

La notion d'ordre politique, relève dans notre méthodologie d'un constructivisme : « *la science humaine semble une sorte de dissection des œuvres de la nature* [36]

Cette approche reliant « dissection » des récits sociopolitiques et « composition » des concepts analytiques nous permettant d'échapper à l'abstraction philosophique:

"Il en va de cette dissection des choses comme de la dissection banale du corps humain, où les meilleurs naturalistes ne sont pas peu perplexes sur la place, la structure et l'usage des différentes parties. Car ils craignent que par les effets de la mort (coagulation des liquides, arrêt du mouvement) et par le découpage lui-même, tant l'emplacement que la structure de l'organe vivant n'aient été détruits, en sorte qu'il n'en soit plus possible d'en explorer l'usage"[37] . Il ajoute *"l'homme, à la recherche de la nature des choses, ayant fini par s'apercevoir qu'il ne pouvait d'aucune façon l'atteindre parce qu'il n'a pas à l'intérieur de lui les éléments dont les choses sont composées (...), l'homme tourne à son profit cette infirmité de son esprit et, par ce qu'on appelle l'abstraction, se confectionnent deux notions : le point, qui peut être désigné, et l'un, qui peut être multiplié. Or, ce sont là deux fictions : le point, en effet, dès qu'on le désigne, cesse d'être un point ; l'un, multiplié, ne reste plus l'un. En outre il s'est arrogé le droit de procéder à l'infini à partir de ces fictions, au point de se permettre de tirer des droites au-delà de toute mesure et de multiplier l'un au-delà de tout nombre. Et de cette façon il a fondé pour lui-même une sorte de monde de formes et de nombres, qu'il puisse contenir en lui-même dans son universalité. Et en prolongeant, en raccourcissant ou en composant des droites, en ajoutant, retranchant ou combinant des nombres, il effectue des opérations infinies, parce qu'à l'intérieur de lui il connaît les choses infinies comme vraies "*
[38]. L'ordre politique dans notre définition part du principe pragmatique de

---

[35] Stillman Drake, *Galileo Studies*, University of Michigan Press, Ann Arbor, 1970, cité par Alan Chalmers in *Qu'est-ce que la science ?*, La Découverte, Paris, 1987, p. 97

[36] Discours sur le système et la vie de Vico " section II *De l'origine et de la vérité des sciences* 29, p. 12. Œuvres choisies de Vico in Œuvres complètes de Jules Michelet 1894 Flammarion

[37] Discours sur le système et la vie de Vico " section II *De l'origine et de la vérité des sciences* 29, p. 12. Œuvres choisies de Vico in Œuvres complètes de Jules Michelet 1894 Flammarion

[38] Discours sur le système et la vie de Vico " section II *De l'origine et de la vérité des sciences* 29, Œuvres choisies de Vico in Œuvres complètes de Jules Michelet 1894 Flammarion pp. 13-14

contingence et cela en partant du constat philosophiquement pensé du « sens de la contingence de (l') engagement « du citoyen ». [39]

Par conséquent, l'ordre politique peut être pensé dans une approche pragmatiste en tant que pratique sociale et politique, activé dans une logique de communauté particulière ou la solidarité entre acteurs est constitutive d'un ordre c'est-à-dire un ensemble organisé d'intérêt objectif dans les champs politiques, sociaux, économiques. Par conséquent, il est nécessaire de poser la question de l'universalisation de certains concepts (état, démocratie, droits de l'homme) et de leur rapport avec le droit positif national, lié à des réalités historiques et politiques. De manière plus précise on ne saurait déduire l'ordre politique du problème plus général du développement socio- économique et culturel et de son adéquation avec viabilité de l'ordre politico-institutionnel chargé de mettre en œuvre les politiques publiques, et de redistribuer équitablement les revenus de la production nationale économique. L'ordre politique[40] se comprend dans une nouvelle forme de stabilisation des différents régimes de pouvoirs (institutionnels, économiques, sociaux, symboliques) autour d'une vision autocentrée de l'autorité construite non plus uniquement par l'armature légale rationnelle, dont l'Etat moderne est la manifestation (fondé sur l'adhésion contractuelle et l'égalité juridique) mais par une puissance sociale et symbolique fondée sur l'ordre social utile (en terme politique , économique, médiatique) , il sous-tend un double pilier, le pilier que je dénommerai contractuel rationnel de la puissance socio-symbolique et de la participation à l'autorité autocentrée et le pilier traditionnel autoritaire lié à une politique de l'incarnation charismatique et de la puissance clientélaire .

Le régime contractuel rationnel : Cette autorité repose sur une séparation stricte entre la fonction et la personne qui l'occupe. L'ordre se codifie de manière impersonnelle par un ensemble de règles abstraites susceptibles de s'appliquer sous la forme des règles de l'ordre institué (en terme implicite et explicite). Ces règles sont les conditions essentielles de coexistence entre les divers acteurs, elles conduisent à

---

[39] Rorty Objectivisme, relativisme et verité, trad JP Cometti. Paris PUF 1994
[40] Suleiman Gabryel Nasser « Ordre politique » 2002 Réédit Edition universitaire francophone 2012 « Ordre politique moderne » 2004 Réédit Edition universitaire francophone 2012 Ordre politique postmoderne Edition universitaire francophone 2012

une gestion consensuelle des formes de dissensus, une mise en représentation des rites sociaux et politiques. Pour Georges Dumézil la forme contractuelle est un mode de gestion plus efficace des conflits et ceci depuis Rome celle-ci afin « de déshabituer les Romains à la guerre » à appliquer les « formes qui empêchent ou limitent la violence »[41] ,

Le pouvoir dans cette première configuration ne s'organise pas de manière directive, il s'affirme dans le cadre de la majesté de la puissance socio symbolique qui ne nécessite ni verticalité explicite ni de conflictualité spectaculaire, cela ne nécessite pas d'obéissance ou de mise en ordre mais un dressage de bon aloi permettant de produire des codes élargis et des codes restreints selon les nécessités de l'action et des situations. On peut en voir une déclinaison dans la vie des partis, dans un article daté du 7 décembre 2012, le journal Le Monde[42] relate les effets de la montée en puissance d'un ministre du gouvernement (Manuel Valls ministre de l'intérieur) et la traduction dans le renouvellement des instances du parti socialiste à l'occasion de l'élection du nouveau premier secrétaire Harlem Désir :

« Signe de la proximité entre les deux hommes, le patron de la Place Beauvau était le seul membre du gouvernement invité au diner donné par M. Désir et des anciens de SOS Racisme, le 6 octobre, dans un restaurant parisien Le Polichinelle. M Valls a pris également soin de placer ses hommes dans l'entourage du leader socialiste (..) « Harlem a récompensé les amis de Valls, faibles dans le parti contre ceux de Peillon où de Le Foll, le plus forts » décrypte un membre de la direction ».

La parole politique est dans ce premier espace une parole non formelle, mais une parole écrite dans ses rites et ses usages. Elle équivaut à une suite de reconnaissance de filiation, de négociation et de légitimité au nom d'une conception cohésive de la politique. Le premier Secrétaire Harlem Désir a aussi changé son cabinet ses deux membres quittent leurs fonctions pour occuper les secteurs éducation et relation presse du parti.[43]

---

[41] Dumezil G *Mythe et Épopée I*, p. 275
[42] Bastien Bonnefous « Comment Manuel Valls a placé ses hommes au PS » Le Monde 7 12 2012
[43] « Harlem Désir revoit la composition de son cabinet » Le Monde 7 12 2012

La fonction redistributive du régime contractuel rationnel est au cœur de la pérennité de l'ordre politique, permettant à celui-ci de maintenir un niveau certain de coexistence entre les différentes forces , établissant un système de contrôle des antagonismes et assurant une majorité aux détenteurs de la puissance socio-symbolique que constitue notamment la fonction redistributive. Pour ce faire il est nécessaire que la fonction soit détenue par des acteurs détenant à la fois le charisme personnel et ce que Bourdieu définit comme le charisme d'institution [44] Le charisme d'institution, c'est-à-dire le pouvoir : celui-ci repose sur l'autorité politique fondée sur la gestion de l'attente des carrières dépendant de cette même autorité. Elle est propre à une pensée d'institution et aux garanties statutaires. L'exaltation de l'efficacité politique, de la présence électorale, de la mobilisation militante sont les quelques paramètres : que l'on peut définir en tant que charisme de conviction légitimant le détenteur du charisme d'institution. Cette équation n'est pas mécanique elle relève de circonstances politiques ou historiques et des conditions spécifiques de la fabrication de la parole publique, le rôle sociopolitique de l'acteur étant à cette aune une de ces conditions. Sous le vocable différent « transparence de la sélection » « démocratie interne » « confiance dans le choix des militants » s'effectue le contrôle politique des nominations, notamment des candidats aux élections par le truchement des commissions d'investitures : ceux-ci étant des éléments essentiels de la fonction distributive[45] Ce qui conduit parfois notamment dans la lutte pour la prise du parti à chercher des investissements extra politiques de type compensatoires afin d'accumuler le capital symbolique de notoriété[46] telle Ségolène Royal en France ou Matteo Renzi en Italie.[47]

---

[44] Pierre Bourdieu « Homo academicus » Minuit 1984
[45] Le Figaro «La guerre à l'UMP s'enlise dans une guerre de tranchée » 25 11 2012
[46] Barotte Nicolas « Ces socialistes qui rêvent d'imposer le débat d'idées » Le Figaro 23 06 2008
[47] Ridet Philippe « Matteo Renzi bouscule la gauche italienne »Le Monde 27 11 2012

Dès que cette fonction est mise en question faute d'un leader légitime, l'antagonisme de la parole politique ne connaît plus de contrepoids comme l'illustre la crise du principal parti de Droite : l'UMP [48]

La parole politique pour être respectée et obéie dans le champ de la militance ou dans l'espace du débat démocratique, se présente, et à intérêt à se présenter, comme légal, c'est-à-dire comme au service de la loi et de l'intérêt commun du parti ou de la nation. Effectivement, on peut le déceler dans les récits des dirigeants et des cadres politiques , Son efficacité se mesure alors à sa capacité d'en convaincre et/ou d'en persuader ses pairs et ses soutiens ; elle doit se définir tout à la fois en tant qu'incarnation et doit pour cela respecter, dans ces décisions (surtout les plus difficiles du point de vue d'intérêts particuliers puissants) la forme de la loi et le fonctionnement légal des institutions. C'est le pouvoir légal qui confère à celle ou celui qui en est la détentrice ou le détenteur une autorité légitime, conforme aux lois de l'institution. L'autorité de ce pouvoir repose sur une légitimité rationnelle. Ce modèle impose un ensemble de comportements prescrits et/ou attendus en vue d'une efficacité pratique. Tributaire du corps, des gestes, il s'adosse au savoir. Dans l'ensemble, ce pouvoir socio-symbolique privilégie un système de légitimité autocentré sur des normes communes et considère avec méfiance et prudence l'intrusion de formes extérieures liées à des légitimités exogènes. On peut en saisir un exemple dans la décision du FMI de suspendre son programme de « facilité de crédit » en faveur du Congo Kinshasa , en cause, le manque, la corruption de l'entourage présidentiel qui enlise les mesures de bonnes gouvernance du ministre de l'économie M Matata Ponyo d'où comme l'écrit le journaliste du Monde Christophe Châtelot une opacité confinant à une politique avérée de refus de transparence concernant « les industries extractives qui depuis des décennies, pillent le coffre géologique congolais avec la complicité de ses dirigeants », mis en cause le cercle proche du pouvoir du président Joseph Kabila « assure un spécialiste étranger et quelle que soit la probité du premier ministre , sa compétence s'arrête aux portes de la présidence. C'est un morceau trop gros pour lui ».[49]

---

[48] Paul Henri Du Limbert « La plus bête du monde » Le Figaro 19 11 2012

[49] Châtelot Christophe « *Au Congo Kinshasa, le FMI sanctionne l'opacité du secteur minier* » Le Monde 712 2012

Le pouvoir se formalise en se légalisant, et du même coup institue des comportements normalisés et habituels d'obéissance. La légalité est d'abord celle de la légitimité d'un pouvoir qui se préoccupe de garantir sa puissance par la force de sa fonction distributive : seul moyen de pérennité.

La puissance socio-symbolique qui institue et légitime la parole politique dans le cadre d'un ordre particulier de la décision publique est donc à la fois la condition, la limite de l'efficacité du pouvoir contractuel rationnel : condition, car il justifie son usage et limite, car il lui définit des règles et des bornes.

Ce modèle ne présuppose aucune identification idéologique à telle ou telle courant donné, il peut être tout à la fois conservateur, nationaliste, libéral.

« Le pouvoir serait pouvoir d'État, il serait lui-même localisé dans un appareil d'État, au point que même les pouvoirs "privés" n'auraient qu'une apparente dispersion et seraient encore des appareils d'État spéciaux » [50] On peut en déceler une déclinaison historique dans le concept d'État interventionniste. Ce concept est réhabilité au début de la V République gaullienne ; en cela il élargi les bases du consensus dirigiste traditionnel de la III République d'origine économique basé sur une politique nationaliste et protectionniste. De Gaulle comme, en leur temps, la politique de Bismarck en Allemagne, et de Disraeli en Grande Bretagne; veut définir un conservatisme compassionnel organisé par une noblesse d'État au service des catégories les plus populaires , ce pacte politico-industriel possède des paramètres politico-historiques qui sont admirablement définit par Gramsci à propos de Bismarck et de Disraeli : « (Le) nationalisme économique et, d'autre part, avec la tentative de faire assumer à un personnel d'État déterminé, d'origine terrienne et féodale, la « protection » des classes laborieuses contre les excès du capitalisme. A des titres différents, Bismarck et Disraeli, les deux grands hommes d'État conservateurs du dernier tiers du XIXe siècle, ont allié à leur attitude réactionnaire une politique sociale. Disraeli, qui, en tant qu'écrivain, avait dénoncé les méfaits du régime industriel, a fait prendre, en tant que chef du gouvernement en 1875 et en 1878, des mesures en faveur des travailleurs (limitation de la durée du travail des femmes et des enfants, hygiène du

---

[50] Deleuze, G. « Écrivain non : un nouveau cartographe », *Critique*, t. XXXI, n° 343, déc. 1975, p. 1209).

travail, abolition de la loi maître et serviteur, et tolérance du droit de grève). Parallèlement, les lois sociales de Bismarck (assurances maladie et retraite) mettent l'Allemagne de la fin du XIXe siècle à la pointe des conquêtes sociales. Cette politique, qui s'accompagne d'ailleurs, notamment en Allemagne, d'une sévère répression du mouvement ouvrier et socialiste, répond à deux tendances : hostilité d'une part au mouvement ouvrier qu'on veut affaiblir en gagnant certains de ses éléments à la collaboration de classe et d'autre part une optique conservatrice d'hostilité à certaines formes du développement capitaliste, particulièrement nette chez Bismarck, resté toute sa vie fidèle à l'idéal du « junker », du hobereau allemand. »[51]

Le régime autoritaire traditionnel : Pour autant dans le second régime nous assistons à un nouveau renversement. En effet, cela suppose une gouvernance plus large de type indirecte de l'application hiérarchique, l'autorité y est personnelle. Elle est organisée selon une organisation de fonction (hiérarchie). L'essentiel des décisions et des dispositions doit être incarné. Nous sommes dans une politique de la guerre ou la parole politique est là pour définir l'autre et solidifier le même[52]. La parole politique et le récit qui l' établit ritualise un codex honorum ou la légitimité de l'incarnation n'a plus d'équivalent en tant que formes d'autorité, elle établit ses rites au nom de « mécanismes collectifs diffus »[53], il ne s'agit pas à la différence du premier régime de distribuer les éléments de la puissance socio symbolique mais de définir les meilleurs moyens d'acquisitions de nouveaux territoires politiques[54] , il ne s'agit plus de se nourrir dans le premier régime égocentré des bénéfices de l'ordre social mais de stabiliser un modèle altérocentré qui fait du royaume du « dehors » une élément fondamentale de construction du royaume du « dedans ».

[51] Gramsci Cahiers de prison III in Bibliothèque des sciences sociales. uqam
[52] Clastres Pierre « Archéologie de la violence : la guerre dans les sociétés primitives » 1977) Recherches d'anthropologie politique, Paris, Seuil, 1980.

[53] Clastres Pierre « Archéologie de la violence», Recherches d'anthropologie politique, Paris, Seuil, 1980.p. 171-173.

[54]

L'autorité s'y exerce et s'y maintien sous un régime de protection et de coercition entre différents types de systèmes de dominations avec ses gradients (bureaucratiques, charismatiques). Elle suppose de ne pas uniquement détenir la domination légale, mais d'acquérir de manière permanente la direction culturelle et intellectuelle de la nation. Historiquement, l'ordre de l'État rationalisé depuis le XVII siècle institue une hégémonie par une classe dirigeante autour d'un mode de domination légitime lié aux lois de la succession. Hobbes établit ainsi une dialectique entre le pouvoir et les hommes d'intérêts dans un processus permanent et réciproque de quête de renforcement de la légitimité. Le pouvoir comme réceptacle d'une minorité agissante préoccupée d'honneur et de dignité et un pouvoir soucieux de produire une bourgeoisie dépendante du système d'autorité et uniquement préoccupée de son bien-être.

Cela sous-tend notamment avec Richelieu et Louis XIV la coercition et l'usage d'une politique rationnelle du consentement sur les groupes antagonistes. Elle souligne d'autant un principe général. La politique de mécénat ou la modernisation de l'armée participent d'une identique logique : le contrôle social des nobles et de l'aristocratie ; l'État est l'appareil hégémonique permettant de progressivement « nationaliser » les différentes couches sociales au nom de l'État et de la monarchie. Dans ce processus l'usage des commis, des idéologues, des « généralistes » est essentiel car ils permettent de traduire de manière pratique l'utopie d'une identité commune monarchique, républicaine, nationale ; Ainsi en tant que « porte-parole » ils participent à la solidification de l'hégémonie sociale et du gouvernement politique « c'est-à-dire tant pour l'organisation du consentement actif que pour celle de l'appareil de coercition » (Gramsci)[55]. Ils sont la condition de la domination du groupe social c'est-à-dire dans sa capacité de créer en son sein sa propre catégorie d'intellectuels.

Ce modèle est plus sensible que le précédent aux fluctuations socio- historiques, celles-ci relèvent souvent d'une crise dans l'hégémonie : crise du discours auto justificateur, crise d'élévation à un projet universel susceptible d'encadrer

---

[55] Gramsci Cahiers de prison III in Bibliothèque des sciences sociales.uqam

légitimement les politiques et les populations, crise de la présence d'intellectuels dans les fonctionnements de l'État apte à concourir à sa justification

Les référents ne se veulent plus abstrait mais relevant de liens historiques habituels, le discours politique prend la forme du corps politique qui devient lui-même parole[56] Nous percevons un système de significations civilisationelles et culturelles sous-jacentes à l'incarnation de dépendances traditionnelles et modernes. Processus qui détermine les mécanismes de perpétuations de la domination.

On peut déceler plusieurs types d'exemple de ce régime, ainsi la philosophie de l'ordre sociale en Islam, repose sur un modèle éthico politique structuré autour d'une autorité politique souveraine qui procède de la double nature de la fonction califale : temporelle et spirituelle. Son caractère extra territorial provient de différentes légitimités théorisées par le juriste Mawardi (mort en 1058) dans son ouvrage : « Ahkam al Sultaniyya [57]».

Les conditions d'une sont de plusieurs ordres :

-La fonction califale nécessite une seule personne détentrice du pouvoir qui ne peut être destituée qu'à titre exceptionnel.

-Le détenteur de la puissance doit se prévaloir des qualités éthiques (courage, honneur, justice, piété) dont la source ne peut être qu'une généalogie prophétique (appartenir à la famille du Prophète ou à sa tribu Quraïch.)

La puissance politique islamique se veut d'essence sacrée par sa filiation lointaine entre le détenteur du pouvoir califal et le prophète. Par cette sacralité de la fonction, elle doit assurer l'allégeance que lui doivent les sujets de l'empire.

La conception cyclique de l'histoire des hommes et des pouvoirs est fondée sur la dégénérescence inexorable du pouvoir, parce que éloignée des temps prophétiques présentés ontologiquement comme référence idéale. De ce fait dans les temps de la discorde et de crise, la tentation est de vouloir revenir par le moyen d'un sauveur eschatologique : le Mahdi dont l'aspect millénariste et purificateur a permis l'établissement des dynastie berbères soutenant un islam fondamentaliste concernant les Almoravides et les Almohades Cette prétention fondamentaliste suppose un

---

[56] Confère le documentaire sur Georges Frèche maire de Montpellier par Yves Jeuland
[57] Suleiman Gabryel Nasser « Repenser l'islam libéral européen ». Edition universitaire européenne 2012

retour à la fondation originelle des deux temps de Mohammed ; temps Médinois pour le jihad extérieur de la guerre ; temps Mecquois pour le jihad intérieur de la réforme purificatrice. Le concept de Mahdi est utilisé par un disciple autoproclamé de Ghazali, ibn Tumert qui au début du XII porta un discours réformateur de type fondamentaliste qui permit l'instauration du pouvoir des Almohades. Cette figure est pour partie une création des temps de fitna (discorde) qui provoque dans les populations en quête d'ordre, le désir de domination auprès d'un chef charismatique. Ce modèle messianique et charismatique est encore utilisé dans les modes de fonctionnement des organisations (publiques et privée.)

On peut ainsi penser la question de l'ordre politique en tant que laboratoire des imaginaires sociopolitiques, ceux-ci sont les réceptacles de paradigmes cohésifs qui sont révélateurs de métaphysiques cohérentistes fortement teintés par une représentation hostile du monde. Ainsi dans la République de Platon, les gardiens de la cité sont déterminés par une fonction d'importance: « *We say that it is clear that if we wish the natures of theses guardians to be preserved through procreation (...) That for the most part they should procreate their like –it cannot be that they copulate with any chance women (...) This is obligatory not only for guardians but for each and every class of citizens*»[58] .

Qui dit biopolitique des corps , dit processus d'inclusion et d'exclusion inscrits dans le modèle platonicien d'un universel souverain et législateur qui à partir d'une frontière sexuée, culturelle et sociale, détermine le cadre précis de la légitimité et de l'illégitimité : «*This is precisely why it ought not to be permitted in the city for anyone, with a view to having children, to copulate at any age he wishes, but (only) during the prime years , namely –as Plato says –from twenty to thirty in women and in men from thirty to fifty five. As for the arrangement under which he holds it to be proper for these guardians to copulate and have children, why it is that these women living alone with one man as is the case in these cities and that their children also be common. As for the community of women, it is to be of this character: namely that the women do well together with all the men, only without*

---

[58] Averroès, Commentaire de la République, Premier Traité, 57

copulation being permitted them. When the rulers hold that necessity points to procreation,
they order that weddings for grooms and brides be celebrated in the city"[59] .

Dans les modèles politiques cohésifs, l'ordre social est le reflet de l'ordre divin : le désordre dans l'un détermine le chaos dans l'autre. L'universel occidental comme le conçoivent Platon ou Hobbes, relève d'une approche organiciste où l'individu ne peut être qu'un animal politique inscrit dans la société. Le Sage, le pauvre ou le fou participent d'un monde commun aux frontières sociales légitimes. Le modèle de domination décrit avec l'Orientalisme, à travers la théorie du despotisme oriental, « rénove » le discours de la pensée grecque dans son optique binaire entre liberté d'Athènes et esclavage Perse. Après l'assujettissement du monde américain au XVI ème siècle, le monde méditerranéen semble à la fin du XVIII siècle être désigné pour être le modèle d'inclusion et donc d'exclusion à l'universel dominant.

Par exemple dans certains états arabes, la sphère politique étant en adéquation avec des structures du pouvoir, celui-ci se détermine très souvent par la captation économique (Égypte, Turquie, Algérie, Maroc). [60]

La philosophie de l'action politique que ceci induit relève de ce que Rorty définit comme « la « dureté » des faits « dans tous ces cas-là (résultats d'expériences, etc.), (elle) n'est que la dureté des conventions préalables qu'une communauté a adoptées sur les conséquences d'un événement donné »[61] 85).

Cela revient à le penser dans l'optique communicationnelle de Richard Rorty en tant qu'énoncé, une forme de langage spécifique[62] .

Cette méthodologie doit nous pousser à réfléchir aux formes particulières que recoupe la notion d'ordre politique sans pour autant verser dans un anti-normativisme radical que Rorty qualifie d'ironiste c'est-à-dire probabiliste de la norme « Michel Foucault est un ironiste qui rechigne à être libéral tandis que Jurgen Habermas est un libéral qui rechigne à être ironiste »[63]

---

[59] Averroès, Commentaire de la République, Premier Traité, 61
[60] Sharabi « le néo patriarcat » Minerve 1988
[61] Rorty. Consequences of pragmatism University of Minnesota Press, 1982. P 85
[62] Rorty. Consequences of pragmatism University of Minnesota Press, 1982.
[63] Rorty Objectivisme, relativisme, et vérité » trad JC Cometti, PUF 1994. P 97

L'Ordre politique pré moderne : l'ordre aristocratique

« Il ne faut pas que l'on m'impute à présomption, moi un homme de basse condition, d'oser donner des règles de conduite à ceux qui gouvernent. Mais comme ceux qui ont à considérer des montagnes se placent dans la plaine, et sur des lieux élevés lorsqu'ils veulent considérer une plaine, de même, je pense qu'il faut être prince pour bien connaître la nature et le caractère du peuple, et être du peuple pour bien connaître les princes. »

— Nicolas Machiavel, *Dédicace du Prince à Laurent II de Médicis*

En terme contemporain, l'ordre politique se détermine par une série de paramètres, et de fonctions de légitimations mise une à une en adéquation selon une logique verticale (Etat Nation) , horizontale (Organisations intergouvernementales) transversale (ONG) , il ne se déduit pas par le simple découpage entre superstructure politique et infrastructure économique, il corrobore un ensembles de procès dont les traductions se dénomme « Etat » « gouvernance », « politiques publiques » « démocratie participative ». Dans notre définition l'ordre politique relève du concept machiavélien de « Stato »[64] il sous-tend chez le penseur florentin état de fait, domination de la souveraineté, en tant que territoire, domination et les instruments de la domination. La *virtù* [65] que l'on peut situer en tant que volonté d'action, décision elle est concept combinatoire avec le concept de fortuna: celle-ci est " l'arbitre de la moitié de nos action mais aussi qu'elle nous en laisse gouverner l'autre moitié " La fortuna n'est pas pour Machiavel une vision passive et déterministe de l'histoire et de l'agir politique : il donne l'image des digues et les remparts d'un fleuve déchaîné explique que la *fortuna* « montre surtout son pouvoir

---

[64] Machiavel *Il Principe*, 1513 (*Le Prince*), publié en 1532 in bibliothèque des sciences sociales. uqam
[65] Chez Machiavel c'est le courage moral permettant la liberté de l'action, dû aux qualités personnelles et politiques de l'acteur

là où aucune résistance n'était préparée »[66] . Au contraire la fortuna est entendue pour lui comme l'occasion, le kairos car "dieu ne peut pas tout faire" "laissant gouverner une part de la liberté d'action, le libre arbitre la *virtù il la conçoit* comme la capacité d'imposer sa volonté à la *fortuna* : "La *fortuna* sans *virtù* est semblable à la nature non maîtrisée.[67]

L'ordre politique est une conception dynamique du politique, un territoire sans cesse mouvant sujet aux conjonctures historiques, sociales et politiques.[68] En terme sociologique, il peut se situer dans le cadre d'un ensemble de relations sociales à partir desquelles s'établissent des formes d'interactions politiques entendues au sens le plus large (institutionnelles, idéologiques, culturelles, symboliques)[69]. Dans cette méthodologie nous pouvons nous inspirer de la pensée de Simmel qui écrit :

« La dernière raison des contradictions internes de cette configuration peut être formulée ainsi : entre l'individu, avec ses situations et ses besoins d'un côté, et toutes les entités supra- ou infra-individuelles et les dispositions intérieures ou extérieures que la structure collective apporte avec elle d'un autre côté, il n'y a pas de relation constante, fondée sur un principe, mais une relation variable et aléatoire. (…) Ce caractère aléatoire n'est pas un hasard, si l'on peut dire, mais l'expression logique de l'incommensurabilité entre ces situations spécifiquement individuelles dont il est question ici, avec tout ce qu'elles exigent, et les institutions et atmosphères qui régissent ou qui servent la vie commune et côte à côte du grand nombre. »[70]

---

[66] Machiavel *Le Prince*, chap. XXV.
[67] Machiavel Discorsi sopra la prima deca di Tito Livio, 3 vols., Discours sur la première décade de Tite-Live, III, 12
[68] Pour Machiavel les territoires récemment conquis par la fortuna (Cesare Borgia) sont faciles à conquérir mais difficilement conservables et les territoires conquis par la virtus (lodovico sforza) sont difficiles à conquérir mais facilement conservables

[69] Weber Max « Les concepts fondamentaux de la sociologie », *Économie et société*, tome 1, 1971 traduit de l'allemand par Julien Freund & *al.*, Paris, Éditions Plon

[70] Simmel Georges Sociologie, étude sur les formes de la socialisation, P.U.F., 1999 p. 200.

Le modèle interactionniste a bien entendu beaucoup de variables et de nuances ,
comme le souligne la pensée de Norbert Elias[71] qui utilise   le concept   de
« configuration » (*Figuration*) pour illustrer le procès d'interaction entre les acteurs
sociaux , cela ne va pas sans une inutile démarcation entre Elias et Weber qu'il réduit
de manière injuste à un individualisme méthodologique sans réelle argumentation :
« Weber est resté au niveau de conscience où il se percevait lui-même – et, selon son
modèle, tous les autres hommes – comme une personne existant dans un premier
temps de façon totalement autonome et dont l'action ne devient sociale que par un
acte de volonté de l'individu, c'est-à-dire lorsqu'elle se conforme à d'autres individus.
Dans ce concept théorique s'expriment non seulement une idéologie politique
précise, mais aussi l'expérience première de l'enfant qui se vit lui-même comme le
centre du monde, comme une monade existant en elle-même. La conception
épistémologique fondamentale de Weber, colorée de néo-kantisme, s'insérait
parfaitement dans ce modèle d'expérience »[72].

Cette vision de Weber est symptomatique du reproche disciplinaire que conduit Elias
envers le sociologue allemand, une critique liée aussi à sa propre formation
scolastique marquée par un certaine filiation de la socio-psychologie déterministe
(Freud, Mannheim) : « Selon la conception atomiste de Weber, la société humaine
n'était qu'un mélange hétéroclite et assez peu ordonné de nombreuses actions isolées,
effectuées par un grand nombre d'individus. Mais en tant que sociologue, grâce à
une abstraction idéalisatrice des structures récurrentes, c'est-à-dire grâce à la
formation de "types idéaux", on pouvait remettre un peu d'ordre dans cette diversité
assez chaotique des actes sociaux effectués par un grand nombre d'individus.
L'idéalisme philosophique de Kant - pour qui, en dernier ressort, l'ordre de la nature
découlait de la raison de l'homme qui étudie la nature - convenait bien à l'idéalisme

---

[71] A l'instar de Simmel qui fut le maitre de son mentor Mannheim
[72] Elias, Norbert *Norbert Elias par lui-même,* trad J-C Capèle, Paris, Éditions Fayard. 1991, p. 1991,
       p. 175

sociologique de Weber pour qui, en dernier ressort, l'ordre de la société découlait de la raison de l'homme qui étudie la société » [73]

L'ordre politique[74], suppose un système institutionnel et politique dont la suprématie est traduite par sa prééminence envers les deux autres niveaux la juridiction et l'administration.

-La juridiction détient le contrôle de premier degré étant dépositaire de la législation nationale c'est-à-dire établissant le cadre normatif de l'administration.

-L'administration occupe par contre dans tout ordre systémique le contrôle de second degré dans l'efficience des applications organisationnelles et étatiques.

Ces deux échelles constituent les éléments pratiques d'une politique publique, ils articulent l'architecture de l'ordre politique dans la fabrication du droit positif et des normes juridiques. L'aspect juridictionnel   relève du sous-système juridique (statique) et le second aspect se situe dans l'ordre de la politique dynamique, ainsi le politologue Burdeau « *propose d'employer au masculin le terme politique lorsque nous considérons les phénomènes politiques sous leur aspect statique... Avec la politique, il n'y a pas de difficulté de définition. C'est une activité... La politique englobe les phénomènes sous leur aspect dynamique... La politique et le politique tiennent tout entiers, soit dans le processus de cette action, soit dans l'état des choses qui en est le résultat* »[75]

Pourtant au-delà des effets de différences, il est à mon sens essentiel de définir l'ordre politique dans un processus actif ou se joue le rôle sociopolitique d'une certaine sociologie des groupes sociaux participant à la mise en place dynamique en particulier de trois aspects : politique, juridique et administratif[76]. En effet à notre

---

[73] Elias, **Norbert Elias par lui-même,** traduit de l'allemand par Jean-Claude Capèle, Paris, Éditions Fayard. 1991, p. 175).

[74] Nasser Suleiman Gabryel Ordre politique,   Edit Presse académique francophone ISBN 978-3-8381-7618-5 2012 ; Ordre politique moderne : Mors certa hora incerta ; axe III Edit Presse académique francophone ISBN 978-3-8381-7646-8 2012 ; Nasser Suleiman Gabryel / Carlo Raimondo Monteccucoli « Ordre Politique Postmoderne « Edité 2006 Diagauss Réédité Presse académique francophone ISBN 978-3-8381-7585-0 2012

[75] Burdeau F Méthode de la science politique, Paris, 1959, p. 67.

• [76] Norbert Elias, *Norbert Elias par lui-même*, Paris, Fayard, 1991, p.93 [1ère éd. allemande, 1990.Norbert Elias, *La société de cour*, Paris, Flammarion (coll. « Champs »), 1985

sens l'ordre politique est d'abord lié à un effet de sociologie appliquée. C'est-à-dire à la lutte pour le contrôle des instruments de la puissance des normes constitutive, de la gestion d'une administration, d'institutions, de récits idéologiques.

L'ordre politique peut prendre différentes dénominations socio-historiques, il est pré moderne jusqu'à la fin du XVIII siècle. Par l'ordre politique nous comprenons une configuration au sens de Norbert Elias c'est-à-dire un dispositif ou s'y traduit des processus de civilisation politique et culturelle dans les récits (entendu en tant que texte et discours) juridiques, administratifs et institutionnels.[77] Cette configuration est le laboratoire ou se construisent les rapports sociopolitiques, où se déterminent les positionnements de l'acteur social (contrôle de soi, maîtrise des affects, observation d'autrui).

L'ordre politique pré moderne[78] ne procède pas par une rationalité uniquement politique, il est aussi le fondement d'une tradition socio-symbolique monarchique érigée en idéologie absolutiste comme le souligne Norbert Elias[79] dans La société de cour, il théorise un processus de civilisation, de curialisation qui est l'élément culturel et social d'un processus de contrôle économique et militaire initié par le régime de Louis XIV. Celui-ci fait du monopole de la rente un principe structurant de l'économie politique il en est le Grand Dispensateur. Cette politique qui s'élabore sous les Capétiens au XII siècle prend sa pleine affirmation au XVII siècle avec Versailles en tant que centre du dispositif de la politique de monopole de Louis XIV. Le souverain se veut une entité autonome des groupes sociaux, jouant sur la concurrence et manipulant les équilibres soit pour les porter vers la tension soit pour les réunir dans le cadre notamment de politique matrimoniale.

L'ordre politique pré moderne suppose de reconduire le principe de Catherine de Médicis : diviser pour régner, Louis XIV ne souhaite pas revivre la Fronde et l'alliance entre la bourgeoisie parlementaire et les nobles, pour ce faire il est

---

[77] Norbert Elias, *Über den Prozess der Zivilisation*, 1969 [1ère éd. 1939], publié en France en deux volumes : *La civilisation des mœurs*, Paris, Calmann-Lévy, 1973, *La dynamique de l'Occident*, Paris, Calmann-Lévy, 1975.Norbert Elias, *Qu'est-ce que la sociologie ?*, La Tour d'Aigues, Editions de l'Aube (coll.Agora), 1991 [1ère édition en allemand, 1970], p. 154-161.

[78] Chateaubriand François René de Mémoires d'Outre-tombe, 616 p Gallica, bibliothèque numérique

[79] Elias Norbert La société de Cour Flammarion 2008

nécessaire de donner à voir et à entendre par les Arts, les armes et les alliances (politiques, matrimoniales). Nous avons là une liturgie de la puissance utilisée afin de donner de manière parcimonieuse sa faveur, et de manière toute aussi personnelle sa défaveur. François Mitterrand disait que « le pouvoir c'est de nommer »[80] ; Jacques Lacan liait pouvoir de nommer et domination du temps par l'espace : « Le pouvoir de nommer les objets structure la perception elle-même. Le percipi de l'homme ne peut se soutenir qu'à l'intérieur d'une zone de nomination. C'est par la nomination que l'homme fait subsister les objets dans une certaine consistance. S'ils n'étaient que dans un rapport narcissique avec le sujet, les objets ne seraient jamais perçus que de façon instantanée. Le mot, le mot qui nomme, c'est l'identique. Le mot répond non pas à la distinction spatiale de l'objet, toujours prête à se dissoudre dans une identification au sujet, mais à sa dimension temporelle. L'objet, un instant constitué comme un semblant du sujet humain, un double de lui-même, présente quand même une certaine permanence d'aspect à travers le temps, qui n'est pas indéfiniment durable, puisque tous les objets sont périssables. Cette apparence qui perdure un certain temps n'est strictement reconnaissable que par l'intermédiaire du nom. Le nom est le temps de l'objet »[81]

Le Roi contrôle l'espace social (ordre aristocratique) et territoriale (Versailles) à lui le droit d'entrée et le privilège de sortie des clientèles par l'usage de l'étiquette, des codes et des rites matérialisant la souveraineté effective du monarque.

L'ordre curial procède d'écarts sociaux dont l'élément important est la représentation que l'acteur se donne à lui-même et aux autres et le crédit que les autres lui accordent par le truchement de la réputation, du capital social.

Ce régime est constitué par l'ordre aristocratique celui-ci défini une sociologie politique, culturelle, historique des élites (gouvernantes ou non) une aristocratie de service liée à l'économie politique du don (Marcel Mauss[82]) dont la force sociale s'est

---

[80] Favier Pierre et Martin Rolland Michel , La décennie Mitterrand, Éditions du Seuil, collection L'épreuve des faits, 3 avril 1999,

[81] Lacan, Jacques Le Séminaire Livre II, Le moi dans la théorie de Freud et dans la technique de la psychanalyse, Seuil, p.202.

[82] Mauss, Marcel *Essai sur le don : Forme et raison de l'échange dans les sociétés archaïques In Sociologie et Anthropologie*, PUF, Collection Quadrige, 1973

progressivement transformée en représentation sociale du fait de la curialisation[83] imposée par Louis XIV et l'expansion de la bourgeoisie. L'ordre aristocratique cumule un mariage de raison entre aristocratie nobiliaire et aristocratie urbaine (reconnue au début du XIII siècle avec Philippe Auguste).

Ce mariage s'est construit sur la volonté de l'Etat de domestiquer définitivement l'aristocratie nobiliaire en accélérant un processus de réduction politique et culturelle le récit notamment cornélien met en scène ce crépuscule qui est d'autant plus frappant qu'il frappe le cœur même de ses fondations : la virtus guerrière et son inévitable déclin sous les coups d'un pouvoir royal soucieux de domestication :

« Pour tout le reste du monde c'était une cour anéantie, accoutumée à toute sorte de joug, et à se surpasser les uns les autres en flatteries et en bassesses[84]. » L'aristocrate n'étant plus que "le noble déchu, le guerrier qui a troqué l'armure pour les dentelles[85] ". "Amolli, émasculé, au sein d'une société courtoise [86]".

Pour Paul Marie couteaux : « *Pour ce classique radical, homme d'un Grand Siècle qui, remarque Philippe Beaussant, est d'abord celui de Louis XIII, l'aristocratie participe encore au gouvernement du royaume ; elle en est même la base. Quand bien même elles ont été secouées par les guerres de religion, les valeurs chevaleresques, le culte inné des vieilles vertus, l'honneur, le courage et la fidélité, constituent la figure française de l'homme idéal : le héros.* »[87]

Le récit dramatique d'un Corneille donne une indication de cette crise de l'ordre aristocratique qui : s'il garde une préséance dans l'ordre politique de la monarchie

---

[83] Norbert Elias, *La société de cour*, Paris, Flammarion (coll. « Champs »), 1985

[84] Saint Simon Duc de *Mémoires*, ed. Gallimard, 1984, Bibliothèque de la Pléiade, vol.III, p.772
[85] Doubrovsky, S. Corneille et la dialectique du héros, Gallimard, 1963 p. 78
[85] Doubrovsky S, Corneille et la dialectique du héros, Gallimard, 1963 p. 82.

[87] Paul-Marie Coûteaux Corneille dessine la figure française de l'homme idéal 13 avril 2006, (Rubrique Figaro Littéraire)

absolue n'a plus la réalité du pouvoir économique "la prétention à la grandeur, élargie spectaculairement, se fait de plus en plus vaine, de plus en plus encline à se nier soi-même, à se perdre dans les appâts du plaisir au lieu de s'y exalter. La surhumanité se résout en dissipations, le dédain de la morale en complaisance »[88]

Ceci dans un processus de civilisation mentale qui induit le contrôle des pulsions et des affects au nom d'une supériorité morale et sociale. Ce régime de socialisation est tout à la fois culturel et politique il suppose un système de distinction au sein de la société curiale (les nobles faces à la bourgeoisie) et un ordre de soumission et de dépendance envers le Roi garant du monopole de la faveur. Il s'agit pour le noble de tenir son rang à n'importe quel prix, toute contravention à la morale sociale (contrôle, maîtrise, distance) équivaut à une mise cause de l'ordre naturel politique, d'où un climat de contrainte que l'on peut comparer au « Sur moi » psychologique. Dans cette optique, le ça freudien[89] combinant à la fois frustration et pulsion tente tant bien que mal de préserver un équilibre d'où le rôle du récit dramatique (Racine) établissant les univers exclus de l'ordre social légitime, permettant à ce cadre calfeutré une aire de décompression.

Le théâtre social suppose d'être sans cesse au premier rang de la société curiale nobiliaire celle-ci ne peut commercer comme la bourgeoisie, elle se doit donc de maintenir les piliers de sa puissance même octroyée par la puissance monarchique. A défaut c'est l'ensemble des codes de l'appartenance qui s'effondre avec l'angoisse de la néantisation de l'individu social avec notamment la disgrâce royale. Le prestige est donc fondamental il souligne la force de la Maison c'est-à-dire la lignée du noble et son rôle dans l'accroissement du capital social.

L'ordre politique pré moderne nous le situons précisément avec l'ordre aristocratique, un ordre qui est précisément ordre non par sa puissance mais par sa dépendance politique envers le pouvoir monarchique du XVII siècle. Un ordre mis en ordre par l'Etat qui le découpe selon les besoins de sa politique, à l'ordre nobiliaire il lui préserve les circuits dirigeants de sa haute administration (ex gouvernorat de province) en laissant le soin à la bourgeoisie d'affaire (Notamment

---

[88] Bénichou, Paul « Morales du Grand Siècle », Idées, Gallimard, p. 273.
[89] Sigmund Freud, *Introduction à la psychanalyse*, 1916

La Ferme générale) de financer les outils de la puissance militaire et économique[90].
Un ordre aristocratique en équilibre instable traversé par différentes tensions dont
le jansénisme et le molinisme sont partie prenante. L'un (molinisme) allant de soi
dans l'idéologie d'une aristocratie nobiliaire à la fois en crise de vocation et
résistante à toute évolution, l'autre (le jansénisme) qui structure une ambiance
économique et culturelle conduisant l'homo economicus[91] à poser sans cesse la
question des fins de manière radicale : « le Janséniste est un ami rude   parce qu'il ne
regarde pas à votre faiblesse, mais qui frappe toujours à votre puissance, ce qui est
honorer. Redoutable, parce qu'il exige justement ce que vous ne pouvez pas refuser,
qui est que vous soyez un homme libre. Sa manière d'aider est de ne point vouloir
aider ; car sa maxime principale est que, si l'on ne s'aide point par soi-même, rien ne
va. Je le compare à une coupe qui va déborder de mépris ; telle est sa manière de
réconforter. Comme il est assuré que les moyens extérieurs, qui sont de police et de
contrainte, ne changent point réellement un homme, mais que l'homme seul peut se
changer lui-même par forte résolution (..) attendant le miracle. Et il ne veut même
point dire, ni laisser entendre, que le miracle lui fera plaisir, car l'homme ne
sauverait peut être que pour lui faire plaisir, et cela ne vaudrait rien »[92]
Le héros cornélien ne peut être qu'en confrontation avec le sentiment de déréliction
qu'éprouve l'aristocratie janséniste de l'esprit (Pascal) issu de la noblesse robine en
particulier. On ne peut que voir la symétrie sociologique dans des trois formes de
péché identifié par Pascal, deux principaux   constituent nolens volens les attributs
de l'ordre nobiliaire   la *libido dominandi* qui est l'orgueil de dominer, la *libido
sentiendi* caractérisé par le trop grand soucis du désir quant au troisième la *libido
sciendi* le désir effréné de connaitre peut être attribué de manière universelle, elle
suppose un cartésianisme obtus qui peut s'apparenter à ces homo novus , ces
hommes nouveaux venus des classes sociales possédantes et se piquant
imprudemment de sciences et de connaissances. Dans ces branchements tout à la
fois éthico-morales et sociopolitiques, ne se matérialise pour Pascal que la passion

---

[90] Bely Lucien, *La France moderne. 1498-1789*, Paris, PUF, 2003.
[91] Michéa Jean Claude Impasse Adam Smith Edition Climats, 2002
[92] Emile Auguste Chartier dit Alain « Propos » 12 février 1923

de soi-même, un égotisme universel qui est tout autant un égotisme social dégénéré lié à une élite aristocratique en crise « plaindre les malheureux n'est pas contre la concupiscence. Au contraire, on est bien aise d'avoir à rendre ce témoignage d'amitié et à s'attirer la réputation de tendresse sans rien donner »[93]. Qui ne voit dans ce jansénisme moqueur, plein de verve une critique acerbe de ce récit de l'aristocratie nobiliaire ou le Grand le dispute à l'héroïque, le rare rejoint le sublime, le sacrifice côtoie le génie :

- Une morale du héros « qui ouvre un passage de la nature à la grandeur, et en définit les conditions »[94] (Corneille) à quoi s'oppose Pascal et l'éthique religieuse « rigoureuse qui donne au néant la nature humaine tout entière » et Molière et l'éthique de la Vita activa

« qui nous refuse la grandeur sans nous ôter la confiance ».[95]

La société curiale s'organise sur un art de l'observation, l'homme de cour se doit de comprendre l'ordre des choses environnantes une psychologie en acte que l'on veut affiner afin de déconstruire les multiples pièges de la vanité   que l'on (le Roi) crée contre le noble domestiqué.

Nous sommes dans un jeu avec plusieurs variables, chausses trappes et autres impasses de l'orgueil de l'aristocratie ruinée : « Qu'un favori s'observe de fort près.... s'il m'écoute plus volontiers, et s'il me reconduit un peu plus loin, je penserai qu'il commence à tomber, et je penserai vrai[96] Une duplicité, un jeu de l'ambivalence se présentant sous les aspects de la civilité portée à un haut degré notamment par Gracian[97] le jésuite espagnol est hostile à ces « idolâtres du point d'honneur » , l'honneur est un bien rare qui ne peut se galvauder dans ces sortes de maladies infantiles que l'Espagne a trop longtemps vécues[98] et qui la condamnaient à la

---

[93] Pascal L.657, S.541

[94] Bénichou, Paul « Morales du Grand Siècle », Idées, Gallimard, p. 273

[95] Bénichou, Paul « Morales du Grand Siècle », Idées, Gallimard, p. 273

[96] Jean de LA BRUYÈRE, Caractères VIII

[97] Gracian Oraculo manual y arte de prudencia 1647 . L'Homme de cour, traduit de l'espagnol par Amelot de la Houssaie, Paris Trad 1684 Éditions Gérard Lebovici, Paris, 1990.

[98] Cervantes, *Don Quichotte de la Manche*, traduit par Jean-Pierre Claris de Florian, publication posthume en 1798, rééd. librairie Garnier Frères.

décadence d'une certaine façon. On ne peut pas prescrire de règles générales à la volonté, il faut savoir revenir à la sagesse pratique qui se méfie de toute volonté d'universalisation celle qui veut notamment oublier les règles de toutes sociabilités pour affirmer une originalité naturaliste qui en condamnant l'artifice de la sociabilité nous réduit à n'être que des objets privatisés. Gracian n'est pas Rousseau qui écrit à propos du théâtre : « *L'on croit s'assembler au spectacle, et c'est là que chacun s'isole ; c'est là qu'on va oublier ses amis, ses voisins, ses proches, pour s'intéresser à des fables, pour pleurer les malheurs des morts ou rire aux dépens des vivants* ».[99]

Oublier l'aspect nécessaire de l'art des faux semblant c'est basculer dans le vulgaire le plus intolérable, sombrer dans cette politique de l'imbécilité qui en appelle trop souvent à une transparence : réduction linéaire de l'imagination au profit d'un catéchisme de nonne frustré[100] ne pensait pas l'unique espace de la cour, il pensait l'homme universel dans les différents espaces sociopolitique à la recherche de la Raison d'Etat de soi même[101] que ce soit le roturier ou le prince : il ne doit être question que de grandeur :

« *L'esprit et le génie. Ce sont les deux points où consiste la réputation de l'homme. Avoir l'un sans l'autre, ce n'est être heureux qu'à demi. Ce n'est pas assez que d'avoir bon entendement, il faut encore du génie. C'est le malheur ordinaire des malhabiles gens de se tromper dans le choix de leur profession, de leurs amis, et de leur demeure* »[102].à qui sait être conscient de la noblesse des choses mais aussi de l'obligation de trivialité morale (tel le mensonge) pour une éthique supérieure qui peut prendre les aspects de la Raison d'Etat ou ceux des intérêts d'honneur (Gracian) qui dépassent les contingences de la quotidienneté.

L'ordre aristocratique à l'âge classique (XVII siècle) est un régime historique marqué par le doute sur les conditions concrètes de possibilités pour l'homme d'assurer son salut : « l'homme ne fait pas dans la vie ce qu'il veut, mais ce qu'il hait » (Romains VII,15).Le temps est celui de l'inconstance et des luttes à front renversé ou l'honneur

---

[99] Rousseau, *Lettre à M. D'Alembert sur son Article Genève*, Paris, Garnier-Flammarion, préface de Michel Launay, 1967, p. 66.
[100] Debord Guy Commentaires sur la société du spectacle, en brochure 1988.
[101] Gracian Le Héros 1639
[102] Gracian Oraculo manual y arte de prudencia 1647,II, 5

et la filiation sont devenu tout à la fois référentiels et fluctants au grès de l'humeur et des passions des hommes[103] « Il en est du vulgaire comme des chiens : faute de connaître la cause de son mal, il jette sa rage sur l'instrument ; en sorte que l'instrument porte la peine d'un mal dont il n'est pas la cause principale »[104]

Cet ordre ne fait pas de la rationalité une finalité ultime au sens de Kant au contraire il s'agit de comprendre que le faire semblant est un élément essentiel dans un monde ou les amis peuvent être ennemis, la méfiance n'est pas une figure de style elle constitue un vadémécum dans un monde de belligérance ou l'homme de qualité ne trouvera pas facilement son semblable dans cet ordre d'existence précaire et ontologiquement insatisfaisante : « Tout est maintenant au point de sa perfection, et l'habile homme au plus haut. *Il faut aujourd'hui plus de conditions pour faire un sage, qu'il n'en fallut anciennement pour en faire sept ; et il faut en ce temps-ci plus d'habileté pour traiter avec un seul homme, qu'il n'en fallait autrefois pour traiter avec tout un peuple* ».[105]

L'ordre aristocratique pré moderne que l'histoire a retenu en tant qu'âge classique est celui d'un culte de l'art au sens de la recherche de la perfection dans ses différentes traductions (artistiques, littéraires, culturelles, politiques).

Oublier l'aspect nécessaire de l'art des faux semblant c'est basculer dans le vulgaire le plus intolérable, sombrer dans cette politique de l'imbécilité qui en appelle trop souvent à une transparence : réduction linéaire de l'imagination au profit d'un catéchisme de nonne frustré[106] ne pensait pas l'unique espace de la cour, il pensait l'homme universel dans les différents espaces sociopolitique à la recherche de la

---

[103] Gracian L'homme de cour 1647

104 CLXXXVII. Faire soi-même tout ce qui est agréable, et par autrui tout ce qui est odieux.L'un concilie la bienveillance, l'autre écarte la haine. Il y a plus de plaisir à faire du bien qu'à en recevoir. C'est là que les hommes généreux font consister leur félicité. Il arrive rarement de donner du chagrin à autrui sans en prendre soi-même, soit par compassion, ou par répassion. Les causes supérieures n'opèrent jamais qu'il ne leur en revienne ou louange ou récompense. Que le bien vienne immédiatement de toi, et le mal par un autre. Prends quelqu'un sur qui tombent les coups du mécontentement, c'est-à-dire la haine et les murmures. Il en est du vulgaire comme des chiens : faute de connaître la cause de son mal, il jette sa rage sur l'instrument ; en sorte que l'instrument porte la peine d'un mal dont il n'est pas la cause principale.

[105] Gracian Oraculo manual y arte de prudencia 1647 . L'Homme de cour, traduit de l'espagnol par Amelot de la Houssaie, Paris Trad 1684 Éditions Gérard Lebovici, Paris, 1990.1
[106] Debord Guy Commentaires sur la société du spectacle, en brochure 1988.

Raison d'Etat de soi même[107] que ce soit le roturier ou le prince : il ne doit être question que de grandeur :

*« L'esprit et le génie. Ce sont les deux points où consiste la réputation de l'homme. Avoir l'un sans l'autre, ce n'est être heureux qu'à demi. Ce n'est pas assez que d'avoir bon entendement, il faut encore du génie. C'est le malheur ordinaire des malhabiles gens de se tromper dans le choix de leur profession, de leurs amis, et de leur demeure »[108].*à qui sait être conscient de la noblesse des choses mais aussi de l'obligation de trivialité morale (tel le mensonge) pour une éthique supérieure qui peut prendre les aspects de la Raison d'Etat ou ceux des intérêts d'honneur (Gracian) qui dépassent les contingences de la quotidienneté.

L'ordre ordre aristocratique à l'âge classique (XVII siècle) est un régime historique marqué par le doute sur les conditions concrète de possibilité pour l'homme d'assurer son salut : « l'homme ne fait pas dans la vie ce qu'il veut, mais ce qu'il hait » (Romains VII,15).Le temps est celui de l'inconstance et des champs de bataille à front renversé ou l'honneur et filiation sont devenu tout à la fois référentielle et fluctante au grès de l'humeur et des passions des hommes[109] « Il en est du vulgaire comme des chiens : faute de connaître la cause de son mal, il jette sa rage sur l'instrument ; en sorte que l'instrument porte la peine d'un mal dont il n'est pas la cause principale »[110]

Il n'est plus temps decroire en un postérité sociale ou politique forcément incertaine , il ne peut être question de "grand combat" et de "bataille pour la noblesse de son rang" dans le siècle qui se veut celui de la gloire, une gloire humaine et divine , un

---

[107] Gracian Le Héros 1639

[108] Gracian Oraculo manual y arte de prudencia 1647,II, 5

[109] Gracian L'homme de cour 1647

[110] CLXXXVII. Faire soi-même tout ce qui est agréable, et par autrui tout ce qui est odieux.L'un concilie la bienveillance, l'autre écarte la haine. Il y a plus de plaisir à faire du bien qu'à en recevoir. C'est là que les hommes généreux font consister leur félicité. Il arrive rarement de donner du chagrin à autrui sans en prendre soi-même, soit par compassion, ou par répassion. Les causes supérieures n'opèrent jamais qu'il ne leur en revienne ou louange ou récompense. Que le bien vienne immédiatement de toi, et le mal par un autre. Prends quelqu'un sur qui tombent les coups du mécontentement, c'est-à-dire la haine et les murmures. Il en est du vulgaire comme des chiens : faute de connaître la cause de son mal, il jette sa rage sur l'instrument ; en sorte que l'instrument porte la peine d'un mal dont il n'est pas la cause principale.

certain sens de la sotériologie séculière en tant qu'horizon indépassable. Un ciel froudoyé par des rêves de morts et de gestes extrahordinaires, lié au culte du panache et de la lutte sans espérance de succès. Ceci contre une adversité au frontière indéterminé et dont la force surligne le dépassement qu'elle impose

> " Ces exemples[111] récents suffiraient pour m'instruire,
> Si par l'exemple seul on se devait conduire
> L'un m'invite à le suivre et l'autre me fait peur
> Mais l'exemple souvent n'est qu'un miroir trompeu
> Et l'ordre du destin qui gêne nos pensée
> N'est pas toujours écrit dans les choses passées :
> Quelquefois l'un se brise où l'autre s'est sauvé,
> .Et par où l'un périt, un autre est conservé[112]."

Paul Bénichou le souligne concernant la pièce de Corneille : Cinna à propos d'Auguste et de sa clémence envers Maxime : « Il y a bien dans cette clémence un calcul, mais de gloire et non de politique; encore serait-il plus juste de dire que c'est un sursaut de gloire, qui fait brusquement mettre bas les armes au désir de vengeance au moment même où il touche à son comble devant les trahisons coup sur coup révélées. L'annonce imprévue de l'infidélité de Maxime provoque soudain, et contre l'attente, l'éclair de la générosité, surgi comme un défi au destin et à la tentation de punir, et dédié presque aussitôt aux siècles à venir, comme à un auditoire grandiose (scène 3 de l'acte III). »[113]

Gracian acte cette fin de règne sociopolitique, il en proclame l'impossible retour et la nécessité de construire un nouveau régime de civilité qui ne prendrait de l'ordre aristocratique sur sa représentation. Par conséquent, il ne fait pas de la rationalité une finalité ultime au sens de Kant au contraire il s'agit de comprendre que le faire semblant est un élément essentiel dans un monde ou les amis peuvent être ennemis, la méfiance n'est pas une figure de style elle constitue un vadémécum dans un monde de belligérance ou l'homme de qualité ne trouvera pas facilement son semblable dans cet ordre d'existence précaire et ontologiquement insatisfaisante : « Tout est maintenant au point de sa perfection, et l'habile homme au plus haut. *Il faut aujourd'hui plus de conditions pour faire un sage, qu'il n'en fallut anciennement pour en*

---

[111] Corneille Cinna César377-384
[112] Corneille Cinna vers 385-392
[113] Paul Bénichou, *Morales du grand siècle* , Gallimard, 1948, p. 31.

faire sept ; et il faut en ce temps-ci plus d'habileté pour traiter avec un seul homme, qu'il n'en

fallait autrefois pour traiter avec tout un peuple »[114]

L'ordre aristocratique est un culte de l'art au sens de la recherche de la perfection dans ses différentes traductions (artistique, littéraires, culturelles, politiques).

A contrario du scepticisme de Gracian, Corneille chante la fin de l'idéal chevaleresque et en déplore l'agonie dans les mots d'Auguste dans Cinna se lit les honneurs du personnage public qui ne vaux que par ses devoirs envers une certaine idée de la grandeur même au crépuscule

Eh   bien,   s'il   est   trop   grand,   si   j'ai   tort   d'y   prétendre,
J'abandonne   mon   sang   à   qui   voudra   l'épandre.
Après   un   long   orage,   il   faut   trouver   un   port;
Et je n'en vois que deux, le repos ou la mort [115]

Il ne faut pas déchoir non pas uniquement par hantise d'une mésalliance roturière mais aussi et surtout par crainte de s'avilir dans de petites ambitions boutiquières faisant passer la passion du service de l'Etat pour une simple et vulgaire stratégie politique .

Quel   était   ton   dessein,   et   que   prétendais-tu
Après m'avoir au temple à tes pieds abattu ?

Affranchir ton pays d'un pouvoir monarchique !

Si j'ai bien entendu tantôt ta politique,
Son salut désormais dépend d'un souverain
Qui pour tout conserver tienne tout en sa main;
Et si sa liberté te faisait entreprendre,
Tu ne m'eusses jamais empêché de la rendre;
Tu l'aurais acceptée au nom de tout l'Etat,

---

[114] Gracian Oraculo manual y arte de prudencia 1647 . L'Homme de cour, traduit de l'espagnol par Amelot de la Houssaie, Paris Trad 1684 Éditions Gérard Lebovici, Paris, 1990.1
[115] Corneille Cinna Vers 1233-1236

Sans vouloir l'acquérir par un assassinat.
Quel était donc ton but ? D'y régner en ma place ?[116]

A la fin du XVIII Chateaubriand illustre cette figure de l'héros cornélien

L'âme supérieure n'est pas celle qui pardonne, c'est celle qui n'a pas besoin de pardon.

La gloire est pour un vieil homme ce que sont les diamants pour une vieille femme : ils la parent, et ne peuvent l'embellir.

Toute révolution qui n'est pas accomplie dans les mœurs et dans les idées échoue.

Les sentiments les plus merveilleux sont ceux qui nous agitent un peu confusément : la pudeur, l'amour chaste, l'amitié vertueuse, sont pleines de secrets.

Les institutions passent par trois périodes : celle des services, celle des privilèges, celle des abus.

L'aristocratie a trois âges successifs : l'âge des supériorités, l'âge des privilèges et l'âge des vanités. Sortie du premier, elle dégénère dans le second et s'éteint dans le dernier.

---

[116] Corneille Cinna acte V, scène 1, vers 1499-1509

L'ordre politique moderne et le régime de savoir

L'ordre politique se confond avec le projet de la modernité politique. Celle-ci se veut consubstantielle de sa propre origine, nous sommes dans le régime kantien de l'autocratie de la raison, ou l'homme sujet a « le courage de se servir de son propre entendement »[117] (Sapere Aude). L'homme se constitue par sa faculté de connaitre, la matière de cette connaissance provient du monde empirique, mais ce sont les concepts de la pensée qui en ordonnent le sens : « Des pensées sans contenu sont vides, les institutions sans concepts sont aveugles.»[118]

Une théorie de la connaissance bien évidemment ne peut se situer *solus ispe* , elle doit s'établir dans une cartographie des facultés anthropologiques de l'homme sujet et rationnel. Ce qui équivaut à établir poser la question de la finalité des hommes et de leurs actions, en posant non seulement la question de la liberté négative constitutive de l'histoire : « en ce sens que nous sommes contraints à l'action par aucun principe de détermination sensible »[119] ce qui suppose que je « ne puis être contraint par autrui à posséder une fin, c'est moi seul qui détiens le pouvoir de me proposer quelque chose comme fin »[120] Mais aussi surtout de penser la liberté affirmative constitutive d'une morale de l'action des hommes cela présuppose d'établir une morale normative et législatrice, dénuée de tout moralisme traditionnel ou émotionnel mais pourvue d'une ontologie transcendantale fondée sur une liberté objective. Une liberté rationnellement acquise qui détermine elle-même par sa propre souveraineté rationnelle son application et ses limites.

Cette armature suppose que la physis des Anciens soit celle de la philosophie naturelle afin de préserver à la philosophie morale est à relier au monde de l'éthique, nous sommes dans une adéquation qui s'apparente au substrat platonicien des essences pures avec une politique de l'universalité des formes. La morale se

---

[117] Kant Réponse à la question : "qu'est ce les Lumières? 1784 Tr JF Poirier Flammarion 1991
[118] Kant Critique de la Raison pure. Logique transcendantale 1781 Trad Barni , Gallimard 1980, 118
[119] Kant Métaphysique des mœurs, introduction générale, trad A Philonenko Vrin 107
[120] Doctrine de la vertu, P 51

subdivisant en lois éthiques (Doctrine de la vertu) qui ordonne l'empire de l'intériorité humaine (l'action) dans son acceptation anthropologique et en lois juridiques (Doctrine du droit) qui régit l'empire de l'extériorité mondaine et de la finalité (finalité de l'action).

Ce sens politique et éthique de la rationalité conduit imperceptiblement à définir un régime de la rationalité autosuffisante dont la force d'attraction est telle qu'elle ne peut que susciter l'envie de démiurge philosophique ou politique.[121]

L'ordre politique moderne suppose la construction d'une norme épistémique c'est-à-dire d'un ordre de savoir, qui représente l'élément fondationnel de l'épistémologie occidentale et le substrat intellectuel du récit de la modernité. Savoir et pouvoir ne sont pas uniquement des ordres de symétries explicatives ou causales[122] ils situent l'ordre de légitimité politique, la condition des formes de possibilités pour ordonner un récit historique.

En effet par la notion d''ordre politique le sociologue s'inscrit dans l'ordre de l'histoire concrète des hommes, des faits, des arguments utilisés et des interprétations orientées. Ces entrelacs font de l'ordre politique une donnée essentielle dans la construction notamment du récit administratif, comme l'écrit justement G Bergeron[123] « *Dans une rétrospection topologique des quatre fonctions, c'est l'administrative qui a subi l'évolution la plus rapide et dont les transformations ont été les plus radicales. Gouverner, légiférer, juger n'ont guère modifié, depuis, disons, un siècle, le tableau de l'État contrôleur au niveau fonctionnel ; les faits d'intra et d'inter fonctionnalité restreints à ces trois fonctions, demeurent à peu près constants, la face opposée de l'État contrôlé à ce même niveau a à peine altéré la perspective d'ensemble. Ce qui brouille cette belle simplicité, c'est l'envahissante fonction administrative, qui, dans l'optique aussi bien de l'État contrôleur que de l'État contrôlé, vient fausser ce trop simple équilibre inter fonctionnel.* »

Qui dit ordre politique dit ordre administratif, c'est-à-dire ensemble cohérent de normes et de notions juridiques, historiques, philosophiques, pratiques, : dit aussi

---

[121] Hegel Principes de la philosophie du droit in Bibliothèque des sciences sociales.uqam.com
[122] Foucault Archéologie du Savoir Gallimard 1971
[123] Bergeron G Fonctionnement de l'Etat 1965 uqam.ac

inévitablement gestion administrative, c'est-à-dire un ensemble de théories pratiques mises en application et sensées organiser les orientations de toute collectivité.

La gestion administrative tout comme l'ensemble des actes publics d'une institution repose sur des normes, des instruments de contrôles, des législations précises. Ils sont les produits successifs d'une lente sédimentation née de l'histoire des nations et des hommes qui la font. Les référents nationaux de chaque cadre normatif jouant un rôle de première importance afin de définir les cercles de légitimités et de décisions prescris. Comme le souligne un des pères de la science politique contemporaine, David Easton, il est nécessaire de penser la multiplicité des points d'ancrage et de passage entre différentes traditions culturelles et nationales. L'ère de la globalisation aidant, s'est institué dans différentes configurations des « imaginaires juridiques et constitutionnels » produit d'un certains métissage des théories et des modes de politisations.

Pour autant, dans l'histoire de l'ordre politique, chaque construction administrative repose sur un modèle idéologique particulier axé principalement sur la construction d'un consensus politique et culturel. La gestion administrative dans tout type de situation doit être non évaluée selon les différentes sédimentations circonstanciées qui la constituent, la légitiment, la formalisent. Au-delà des notions / forme universelle telles que l'Etat, la puissance publique, l'ordre national, il est établit que la gestion administrative est instrumentalisée pour d'autres raisons : la filiation, la tradition, les modes de pouvoirs, car en effet, nul processus normatif ne peut se départir dans certaines circonstances d'une raison pratique, elle-même produit d'un contexte et d'une épistémologie particulière.

Dans ce cadre de l'idéologie, les modèles normatifs dominants (de type juridique) reposent sur des valeurs préétablies qui sont réinvesties politiquement dans l'identification à une identité (dans le monde euro-occidental ; judéo-gréco-chrétienne pour les monde arabo-musulman ; islamo-nationaliste) déterminées par les normes ou les valeurs propres aux participants qui déterminent le consensus. Celui-ci ne repose sur deux plans : d'abord l'accord préétabli sur une identification à un modèle éthico religieux, ensuite un rapport de confrontation active envers les autres modèles identitaires et civilisationels. Un accord qui repose sur la double acceptation d'une idéologie institutionnelle et d'une idéologie du sens commun ou le conservatisme philosophique et social est nécessairement prédominant. Ce modèle puise sa légitimation par et pour le texte ce qui induit un modèle de hiérarchie qui repose sur le consensus directif qui est le produit d'un « mécanisme qui assure l'asymétrie, le déséquilibre, la différence » (Foucault, 1975 ; p. 203). La transmission passe de manière autoritaire des « sachants » aux « ignorants ». Les changements sociaux y sont conduits par une élite « éclairée » qui a le monopole de la connaissance ou des ressources rares et occupent des positions clefs.

Par conséquent, Il est nécessaire de penser l'ordre politique moderne à l'aune des questionnements sur les sciences politiques, c'est à dire en réfutant toute démarche d'opposition entre contexte cognitif et production interne, les deux étant corrélés :

« Quoi qu'on en puisse penser, une collectivité n'est pas naturellement portée à regarder comme un objet d'investigation scientifique ses propres institutions. Car une telle investigation entraîne, la plupart du temps, un élément de critique ou du moins de « dépoétisation ». Les institutions cessent d'être sacrées dès lors qu'elles sont remises à leur place parmi d'autres, possibles ou réelles. La meilleure preuve de ce danger social de la science politique est que celle-ci retient, la plupart du temps, à titre de postulats implicites, les valeurs qui justifient l'ordre politique existant... Elle objective certains aspects de la politique pour les analyser et les expliquer. Mais cette objectivation n'est jamais totale, elle est liée à certaines curiosités et à certains refoulements... Autrement dit, la science politique reflète toujours, d'une certaine manière, la conscience que le pays prend de lui-même. » (Raymond ARON.)

Dans cette optique, il s'agit pour nous de penser le cadre de l'ordre politique moderne en adéquation avec l'émergence de la nouvelle aristocratie culturelle mise place en particulier au XIX siècle en France. En effet, la professionnalisation de la fin du XIX siècle permet le parachèvement des processus d'autonomisation des sciences qui s'apparente pour Bourdieu à deux pôles :

1) pôle mondain liée à un ordre du pouvoir (Droit et médecine) participant à des structures de l'ordre social. Visant à la rationalisation de l'ordre établi, une science d'ordre et du pouvoir afin de « penser ce qui est l'ordre social, et l'Etat ». Celui-ci constitue le primat de la formation des cadres de la nation sur la connaissance.

2) Pôle scientifique représenté par les facultés des sciences et des lettres marqué par la seule recherche de la vérité scientifique avec un « substitut compensatoire » d'un pouvoir dominé exercé dans le « lieu même du non pouvoir » des recteurs » Lié à un ordre de reproduction culturelle[124].

L'ordre politique moderne en particulier en ce qui concerne la politique impériale donne lieu à une fabrication du droit positif à partir de certains espaces sociaux et historiques déterminés[125].

Il est caractérisé par un champ d'action semi autonome lié d'abord aux processus exogène politique, idéologique et sociaux.

Ce pôle est déterminé c'est-à-dire organisé par ce que Bourdieu défini comme des « miraculés ». Les « miraculés » devant tout au système, ils sont parmi les défenseurs les plus intraitables du système et ses hiérarchies. Dans un autre développement de son travail Bourdieu les définit comme les « oblats » : fondés sur l'institution et les limites à l'institution, produits accomplis de la dialectique de la consécration et de la reconnaissance qui attirait au cœur du système les plus inclinés et les plus aptes à le reproduire sans altération.

De façon générale, ils sont d'autant plus farouchement attachés à l'institution que leur compétence propre et plus étroitement tributaire des conditions institutionnelles de son exerce (langues) en général et qu'ils doivent davantage à l'institution en tant qu'oblats de basse extraction ou issus de l'école (fils d'instituteurs). Ils pensent que « hors de l'église, point de salut, devenant progressivement des grands pontifes d'une institution de reproduction culturelle qui, en les consacrant, consacre leur ignorance active et surtout passive dans tout autre univers culturel »

Ce sous champ semi autonome permet la constitution d'une aristocratie culturelle de substitution visant à compenser l'effet de déclassement vis-à-vis de l'autre pôle plus marqué par l'aristocratie financière et managériale. Elle est de ce fait issue de la petite bourgeoise la plus liée au système scolaire dépourvu de tout ce qui procure un héritage d'aristocratie culturelle et privée de la conscience de sa propre privation , l'aristocratisme intellectuel du pauvre est au principe de la pauvreté culturelle d'où

---

[124] Bourdieu Pierre Homo academicus Minuit 1984
[125] Saïd Edward Orientalism NY Vintage 1978

une combinaison de démocratie scolaire (formés pour la plupart dans les années 80) réalisée dans l'institution du concours. Ceci relève d'une adhésion à l'institution dans l'ordre de l'absolu[126] . L'institution reconnaît ceux qui la connaissent : elle renvoi au « sérieux » c'est-à-dire la disposition à prendre au sérieux les suggestions ou les injonctions scolaires. Il s'établit une véritable norme identifiant la réussite scolaire aux épreuves scolaires ; mesurant de ce fait la force c'est-à-dire l'enracinement de de l'adhésion aux valeurs de sérieux le plus précoce étant en un sens celui qui est vieux le plus jeune : Droit et Médecine.

L'air du sérieux est un indice de l'adhésion aux valeurs de normalité bourgeoise : instrument de pouvoirs culturels avec une normalisation du savoir et une canonisation des acquits légitimes ; ce processus impose une dialectique de la consécration contribuant à porter les agents vers les lieux auxquels leurs dispositions socialement constituées les prédestinent. L'enseignement en tant que vulgarisation légitime inculque, ratifié donc académiquement homologué.

On peut définir différentes notions corrélatives à ces processus.

Pouvoirs semi institutionnalisés : marqués par la relation d'autorité et de dépendance durable. Il exerce un poids générique et personnel, un poids social : une gestion rationnelle des acquis après une longue accumulation initiale des positions de pouvoirs. Ceci induit donc un cumul de positions contrôlées permettant la constitution des clientèles à l'échelle d'un ensemble d'institutions avec un réseau de positions contrôlées. Avec de manière systématique les caractéristiques socio-psychologiques afférentes telles que la gravitas : c'est-à-dire la lenteur garantie de sérieux, lié à l'obseqium (attestation de), le respect indiscuté de principes fondamentaux de l'ordre institué. Le Sens du placement intellectuel, politique et social. Cette aristocratie culturelle dès la fin du XIX siècle devient le bras armé de la bourgeoisie politique et économique dans la construction de la politique impériale en tant qu'idéologie commune. Nous avons là une alliance sociopolitique nécessaire liée à l'établissement à l'expansion d'un pouvoir économique et symbolique, pour Hannah Arendt : « *L'impérialisme doit être compris comme la première phase de la domination politique de la bourgeoisie, bien plus que comme le stade ultime du capitalisme* »

---

[126] Bourdieu Pierre Homo academicus 1984, 134

(...) « L'impérialisme naquit lorsque la classe dirigeante détentrice des instruments de production s'insurgea contre les limites nationales imposées à son expansion économique. »[127]

L'ordre politique moderne par le concours de la bourgeoisie et l'inclusion de l'aristocratie culturelle a poursuivi un triple processus d'accumulation politique, économique, symbolique au nom d'une idéologie " progressiste " : « La notion de progrès du XVIIIᵉ siècle, telle que la concevait la France prérévolutionnaire, ne faisait la critique du passé que pour mieux maîtriser le présent et contrôler l'avenir ; le progrès trouvait son apogée dans l'émancipation de l'homme. Mais cette notion restait loin du progrès sans fin de la société bourgeoise, qui non seulement s'oppose à la liberté et à l'autonomie de l'homme, mais qui, de plus, est prête à sacrifier tout et tous à des lois historiques prétendument supra humaines. " Ce que nous appelons progrès, c'est le vent qui guide irrésistiblement [l'ange de l'histoire] jusque dans le futur auquel il tourne le dos cependant que devant lui l'amas des ruines s'élève jusqu'aux cieux. " [128]

Cette idéologie progressiste est d'abord de nature libérale. Elle est donc une théorie politique liée à un modèle rationnel, présupposant un niveau important d'autocontrainte homogène, régulière liée à une économie psychique élaborée. Dans ce sens, la société doit être guidée par des actions logiques c'est-à-dire des actions relevant du raisonnement. A partir de ce cadre , le libéralisme est donc un processus de civilisation politique, au sens éliassien c'est à dire un processus d'intériorisation de contrôle par l'individu avec la distance entre les corps, le contrôle des émotions, la répression des pulsions[129] . Ceux-ci sont directement liés à des formations sociales, les conditions de possibilités et le résultat d'une production d'un mode spécifique du

---

[127] La signification de la philosophie de Hobbes (Extrait de *L'impérialisme*, deuxième partie des *Origines du totalitarisme*, éditions du Seuil, collection *Points* 1951 1982 uqam.ac

[128] La signification de la philosophie de Hobbes (Extrait de *L'impérialisme*, deuxième partie des *Origines du totalitarisme*, éditions du Seuil, collection *Points* 1951 1982 uqam.ac

[129] Elias Norbert La société de Cour Flammarion 2008

pouvoir : le libéralisme. Les membres de cette élite libérale se veulent prédisposés « par leur position et leurs dispositions à définir ce qui est bon et ce qui est bien ». [130]

Par conséquent, ce modèle réfute toutes dérivations c'est-à-dire des modes de rationalisation du non logique, établies au moyen du recouvrement psychologique formalisés en termes de discours idéologiques. Le libéralisme présuppose un certain ordre social stable établit au nom d'un consensus majoritaire centrale : « De toutes les formes de persuasion clandestine les plus implacables est celle qui est exercé tout simplement par l'ordre des choses »[131] .

Dans cette configuration, les intérêts privés ne sont pas utilisés dans la catégorie des passions non logiques mais au contraire elles sont représentées comme un moyen rationnalisé d'édification des vertus publiques[132] "les individus et les collectivités à s'approprier les biens matériels utiles, ou seulement agréables à la vie, ainsi qu'à rechercher de la considération et des honneurs"[133].

Les élites participent d'une construction progressive d'un certain régime sédimenté de domination légitime[134], nés de différents éléments d'interdépendances et de tensions. Dans les sociodicées produites par ce régime, l'ordre social y est pensé comme un moyen de naturaliser des facteurs d'inégalités, des contraintes sociales, de confiscations économiques sans que jamais l'aspect moral soit introduit dans l'ordre des choses "A l'habile escroc qui trompe les gens et sait échapper aux peines du code pénal, nous attribuerons 8, 9 ou 10, suivant le nombre de dupes qu'il aura su prendre dans ses filets, et l'argent qu'il aura su leur soutirer. Au petit escroc qui dérobe un service de table à son traiteur et se fait prendre par les gendarmes, nous donnerons 1" ; ou encore " A la femme politique, ..., qui a su capter les bonnes grâces d'un homme puissant, et qui joue un rôle dans le gouvernement qu'il exerce de la chose publique, nous donnerons une note telle que 8 ou 9. A la gourgandine qui ne fait que satisfaire

---

[130] Bourdieu Homo Academicus 1984, 23-187
[131] Bourdieu Réponses 1992, 3-45
[132] Ezra Suleiman et Henri Mendras [dir.], *Le recrutement des élites en Europe*, Paris, Éditions La Découverte, 1995, 264 p.
[133] Pareto Traité de sociologie générale § 2009
[134] Christophe Charle, « Où en est l'histoire sociale des élites et de la bourgeoisie ? Essai de bilan critique de l'historiographie contemporaine », Francia, 1991, 18-3, p. 123-134
- Christophe Charle, « Légitimité en péril. Éléments pour une histoire comparée des élites et de l'Etat en France et en Europe occidentale (XIX-XX, Actes de la Recherche en sciences sociales, n° 116-117, mars 1997, p. 39-52

les sens de ces hommes, et n'a aucune action sur la chose publique, nous donnerons
0."[135] L'ordre social devenant le reflet systémique de l'ordre naturel : « l'institution
instituée fait oublier qu'elle est l'issu d'une longue série d'actes d'institutions et se
présente avec toutes les apparences du naturel » (Bourdieu, Raisons pratiques, 1994,
107)

Dans la sociologie des élites, la lecture prédominante est celle du cohérentisme , c'est-
à-dire l'établissement à priori de différents systèmes de croyances cohérents,
englobant et concurrents : organisés   autour d'une   suite logique de normes
prescriptives. Cette approche suppose un ordre épistémologique autocentré basé sur
une justification non épistémique (orthodoxie professionnelle). Les croyances éthico
politiques prédominent sur les croyances de types perceptives ou observationnelles.
Le cohérentisme tiens lieu d'idéologie qui produit les apparences d'une rationalité
alors qu'en fait, elle représente « des combinaisons d'éléments logiquement
disparates qui ne tiennent ensemble que par la force intégratrice des dispositions ou
des positions communes. Elles tendent à donner pour fondements dans l'unité de la
raison ce qui repose en fait sur l'orthodoxie d'un groupe redoublent simplement
d'effet propre de ses constructions, qui réside précisément dans l'illusion de la
genèse purement rationnelle et franche de toute détermination »[136] (Bourdieu). Elle
participe du sens de la légitimité de l'ordre professionnel permettant de proposer un
cadre intangible à la transmission du pouvoir.

La démarche cohérentiste présuppose une lecture de théorie globale qui fait
notamment de l'ordre politique un espace vertical défini par « la possession d'un
capital collectif de méthodes et de concepts spécialisés dont la maîtrise constitutive le
droit d'entrée tacite ou implicite dans le champ. Elle produit un « transcendantal
historique. » Cet ordre systémique constitue un habitus social, c'est-à-dire dans la
sociologie de Bourdieu, un système de schèmes de perception et d'appréciation (la
discipline incorporée agissant comme censure). Il est caractérisé par un ensemble de
conditions socio-transcendantales, constitutives d'un style »[137]

---

[135] Pareto Théorie générale de sociologie 1917
[136] Bourdieu 1984 ibidem
[137] Bourdieu, Science de la science et réflexivité Raisons d'agir 2004.

A mon sens, cette définition nous permet de mieux appréhender l'aristocratie culturelle de l'ordre politique moderne en nuançant ce champ traduit par l'émergence des grandes écoles de la formation politique du savoir (Polytechnique, Ecole normale supérieure)[138] En effet, l'ordre du champ semi autonome est émergé dans des relations sociales complexes[139], il est l'objet/sujet de révolutions politiques et idéologiques liées à des demandes externes. Indiquer que l'ordre politique relève de la sociologie des élites équivaut à expliciter les tensions, les logiques externes permettant une certaine dépendance matérielle et institutionnelle. Ce processus induisant l'obtention à l'extérieur du champ, de crédits, fonctions légitimant l'importation de « mauvaise marchandise » tels que la corruption ou le déclassement social

L'ordre politique moderne est un ordre politique hobbesien [140] l'individu à défaut de s'inclure dans une communauté politique, est condamné à être un atome c'est à dire être annihilé politiquement. Le paradoxe sociologique est que l'ethos aristocratique de la nouvelle aristocratie culturelle est organisé autour de la notion de service publique de l'Etat qui est lui-même du fait du rôle de la bourgeoisie (les opportunistes de la III République[141]) un instrument de logique politique et économique.

---

[138] BIRNBAUM, Pierre Les Sommets de l'État, Essais sur l'élite du pouvoir en France, Paris, Le Seuil, 1977 (réédité en 1994).P. BIRNBAUM (avec Charles BARUCQ, Michel BELLAICHE, Alain MARIÉ), La Classe dirigeante française : Dissociation, interpénétration, intégration, Paris, PUF, 1978.

[139] Bourdieu Pierre , La Distinction. Critique sociale du jugement, Paris, Minuit, 1979,

[140] Hobbes Leviathan 1651

[141] Christophe Charle , « Les élites étatiques en France aux XIXe et XXe siècles », dans Bruno Théret [dir.],L'État, la finance et le social, Paris, La Découverte, 1995, pp. 106-154.Guy Chaussinand Nogaret [dir.], Histoire des élites en France, du XVI e au XX e siècle : l'honneur, le mérite, l'argent, Paris, Taillandier, 1991, 478 p.

MoreBooks!
publishing

mb!

Oui, je veux morebooks!

i want morebooks!

Buy your books fast and straightforward online - at one of world's fastest growing online book stores! Environmentally sound due to Print-on-Demand technologies.

Buy your books online at

www.get-morebooks.com

Achetez vos livres en ligne, vite et bien, sur l'une des librairies en ligne les plus performantes au monde!
En protégeant nos ressources et notre environnement grâce à l'impression à la demande.

La librairie en ligne pour acheter plus vite

www.morebooks.fr

VDM Verlagsservicegesellschaft mbH
Heinrich-Böcking-Str. 6-8   Telefon: +49 681 3720 174   info@vdm-vsg.de
D - 66121 Saarbrücken   Telefax: +49 681 3720 1749   www.vdm-vsg.de

VSG
VDM Verlagsservicegesellschaft mbH

www.ingramcontent.com/pod-product-compliance
Lightning Source LLC
Chambersburg PA
CBHW030657270326
41929CB00007B/407

* 9 7 8 3 8 3 8 1 7 8 6 8 4 *